# 直播革命
## 互联网创业的下半场

王冠雄 钟多明◎著

电子工业出版社
Publishing House of Electronics Industry
北京·BEIJING

## 前言

"这是最坏的时代,这也是最好的时代。"这是狄更斯在《双城记》里著名的开场白。

2016 年以来,直播业界突然风生水起,仿佛焕发了第二春。先是欢聚时代 10 亿元砸向虎牙和 ME 直播,斥资 1 亿元签下主播 MISS;腾讯 4 亿元投资斗鱼,后者估值 10 亿美元;新成立的映客获得昆仑万维、复赛等机构的 8000 万元投资;投入阿里怀抱的陌陌也不甘寂寞,主推直播视频社交并展示在最重要的位置,估值达到 10 亿美元;易直播获得 6000 万元 A 轮融资;360 推出花椒;秒拍推出一直播和 MSee;美拍也推出直播功能并极有可能分拆为单独 APP。此外，还有游戏直播里人气一直都很旺的 YY 频道直播，国民老公投的熊猫直播、斗鱼直播和虎牙直播。

一场直播领域的革命，正伴随着资本的疯狂呼啸而来。

## 站在风口的直播行业

据不完全统计，目前直播平台超过 300 家，而盯上移动直播这门生意的平台也超过 80 家。其中包括映客、花椒等独立直播平台，依托微博社交资源的一直播，YY、腾讯、乐视、小米等大玩家，在游戏、财经、体育等细分领域也涌现出一批垂直直播平台。中国现在大约有 115 家拿到融资的直播平台。

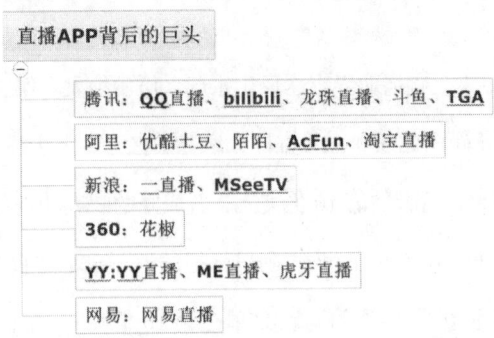

据有关数据显示，截至 2016 年 6 月底，国内同时进行直播的房间超过 3000 个，网络直播用户的规模已经达到了 3.25 亿，占网民总数的 45.8%，并且这个规模仍在持续上涨。从 2015 年 10 月到 2016 年 5 月，网络直播次数从 5271 万增长到 8585 万，增幅达 38.6%。

方正证券的调查数据显示，2016 年我国的直播市场规模将达到 150 亿元，社交直播市场将达到 26 亿元。而到 2020 年直播市场和社交直播市场的规模将分别达到 600 亿元和 295 亿元。

2016 年直播业界的一场大变革正在趁势而来，全民直播将会成为这场革命的最终形态吗？

众所周知，传统互联网的三大生产力是性、无聊和免费。这三大生产力在网络直播中体现得淋漓尽致。有人说网络直播无非就是把夜总会搬上网，貌似有点道理。

但如今随着移动互联网的迅速崛起，新生的直播平台又似乎远不止如此。

**互联网下半场将演变成生态战争**

　　我非常认同滴滴创始人程维在 2016 年 5 月份的演讲预测:互联网时代的上半场已结束。

　　互联网上半场的关键词是互联，就是终端的发展和人的互联。在上半场的互联网高速发展红利中，连接信息的百度、人连接人的腾讯，以及人连接商品的阿里成为各自领域的领军者。但随着这几年的不断收购和整合，BAT 逐渐形成了各自的生态链。因此，在人口与智能终端普及所带来的红利潮过去之后，互联网的下半场不需要再依靠红利，而需要依赖技术和服务，需要新的经济增长模式。

　　以移动直播引领的直播革命，同样是中国互联网下半场的一道风景。

　　直播平台的三种势力是 PC 端的直播平台（以 YY 为代表）、内容制作平台（网易、微博、优酷等），以及 BAT 超级"托拉斯"平台。在移动互联网新"土壤"下，这三种势力必然将直播模式演变成"生态战争"。

如何保持核心业务的稳固地位，推动核心业务升级，这是各个互联网企业在告别行业征战走向生态战之后都要面临的课题。移动直播、全民直播、直播+的概念将在越来越多的实际案例中展现。

例如，"直播+"目前仅仅是一个开始，直播+旅游、直播+体育、直播+交友、直播+企业营销……未来在帮助和改善民众生活的方方面面，都会有更深入的应用和服务在拓展，因此，"直播+"着重要看"+"什么，各行各业都会因为这个"+"产生实际的利益和效益。

**互联网三大生产力的变更**

记得有人说过，互联网的三大生产力是性、无聊和免费。我相信就目前来说，这个理论或许还有许多追随者。随着移动互联网的兴起，信息泛滥，人们的时间越来越宝贵，也越来越碎片化，从而更愿意为有价值的内容花费金钱。因此，笔者认为，互联网下半场的三大生产力将会演变成娱乐、个性、共享。

网民拥有寻求**娱乐**的天性，每个网民不再拘泥于大同世界，都在寻找彰显自我**个性**的元素（比如二次元），但又具备社群化的性质，因此，**共享**将会成为未来的一个"主题"。

还是那句话：需求变化催生变革。在新的网络生产力下，直播革命势在必行，要玩转直播下半场，就看谁更有资源、更有资本及更多玩法，谁将走得更远。

共享，这是互联网最近几年最大的一个关键词之一，资源共享是未来的主题之一。当然，互联网的上半场，互联网红利时代结束了，意味着新的互联网生产力——娱乐、数据及共享将把我们推动到一个全新的领域。

**网络直播更像是一场新的"圈地运动"**

随着这两年自媒体行业的兴起，IP（Intellectual Property）这个概念被放大化，IP 其实就是内容产业的代表，通俗来讲就是好的内容的意思。当然，这些好的内容可以包括文字、音频和视频。这些内容因为能产生互联网最核心的价值——流量，因此，被赋予品牌化，可以直接实现价值变现。

凯文·凯利说过，网络群体是蜂群效应，有着社群性、非理性的特征。而资本对于趋势一直都是嗜血般敏感，VC 总是逐水草而居，顺天时而动。因此，直播平台的兴起，其实就是一场围绕着互联网的"圈地运动",都是在架设平台(圈地),制作无数的IP内容(产品),打造无数"网红"明星(品牌),然后实现各种模式的变现(销售)。这种"圈地运动"升华了视频直播的意义(虽然本质上来说还是性、无聊和免费),从网络夜总会、秀场和游戏演绎平台,变成了"网红"经济,未来将延伸到全民直播。

究竟这场直播革命是如何引起的,直播未来又将会如何发展?让我们往下看。

# 目录
Contents

前言　　　　　　　　　　　　　　　　　　　_III

## 01 Chapter 直播理论解读：人类媒介方式的必然趋势

1. 人类媒介方式的双螺旋结构：直播革命从何而来？　_003
2. 互联网土壤的进化之路　_017
3. "网红"进化之路　_036
4. 移动直播：内容行业下半场的开场哨　_050

## 02 Chapter 直播行业透析：风口之巅的百播大战

1. 巨头统治下的国际直播领域　_061
2. 直播的强监管时代　_078
3. 直播行业发展史：秀场直播、游戏直播和移动直播_086

4. 社交媒体+直播：用直播重构人群关系　　_093

5. VR+直播：人类从此无界　　_101

6. 电商+直播：购物体验至上　　_112

7. 语音+直播：不必露脸的才艺表演　　_123

8. 财经+直播：直击核心消费群体　　_135

9. 旅游+直播：世界那么大，我想出去走走　　_141

10. 直播+红包：春节里的一场全民狂欢　　_147

11. 百播大战鹿死谁手：直播行业未来管窥　　_155

## 03 Chapter 沙场秋点兵：直播平台全揭秘

1. 强明星属性的花椒　　_165

2. 映客迅速崛起之谜　　_172

3. 一直播的矩阵革命　　_180

4. 新闻+的网易直播　　_194

5. 一年两轮融资，斗鱼将充当直播大战收割者？　　_203

6. 70天杀入直播平台第一梯队，梦想直播凭什么？　　_211

7. 语音生态进化下的YY LIVE　　_216

8. 综艺视频+的来疯直播新玩法　　_223

## 04 中国科技直播：
### 第一品牌是如何炼成的

1. 有一种"千万+"直播，叫"雄出没" _237
2. 内容+颜值的破局之道 _253
3. 直播产品如何做到差异化：
   或许我们能从"快手众"那里学点什么 _262
4. 互动技巧奠定直播质量 _273

# 直播理论解读：
## 人类媒介方式的必然趋势

DIRECT SEEDING ▶

## 1. 人类媒介方式的双螺旋结构：直播革命从何而来？

直播的突然爆发，令很多人始料未及。人们不知道这样一个主打"眼球经济""娱乐效应"的模式为什么引来无数互联网巨头不惜血本去攻占，也不知道为什么直播会被定义为2016年最炙手可热的互联网风口。

举个例子来说，这就像Twitter刚刚出现的时候，人们不知道140个单词能表达什么一样。甚至有人断言这是人类史上最短命的社交工具，结果一个影响数十亿人、估值超过万亿元的市场却由此打开。

究其原因，是因为媒介交互方式的更新，更倾向于以一种娱乐化、简单化的形式打开一个先导性缺口，严肃宏大的聚变孕育其后。等到每个人都成为这种媒介交互形式的忠实用户，产业经济体呈现指数级增长，其增量红利也已经达到"天花板"。

因此，媒介形式的进化，往往是以简单的形态作为外在，内藏深刻的传播与媒介变革形态——直播也是如此。

想要解析直播风口背后的价值，就要从整个媒介载体进化的角度进行理解。

## 媒介载体

简单来说，媒介载体就是信息的承载形式，人类从发明图画、语言、文字开始，就致力于让交流可以承载更多的信息量与信息模块。而在语言体系达到了完整后，媒介交互中所承载的信息量已经足够，接下来的需求就是让信息接收者可以更好地理解信息，以及提升信息传播速度与速率。

在这两个需求的叠加下，借助互联网和移动互联网的工具属性，媒介方式开始了双螺旋式的盘旋升级。

双螺旋线索中的第一条，是媒介具像化的升级：由文字到碎片化文字（微博），再到图文结合（自媒体）、纯图片，最终来到了视频时代。由于视频的感知度更好，能快速达成信息的转化，因此，被视为整个媒介升级的最佳形式。而直播与短视频恰逢其时，成为了视频市场爆发的主力军。

双螺旋线索中的第二条，是媒介速率的升级：传统的书信和邮递系统中，人类的信息传播速度非常慢。而后报纸等出版物的出现加快了这一速度。到了互联网时代，信息的传播效率被大大加快。创作与发布之间只需要短暂的间隔，尤其是自媒体时代，采编写集于一体，媒介速率又进一步提升。而直播的本质，是内容创作者与信息接收者的完全同步，这就让媒介速率得到了最大的加强。

直播这种形式，在媒介具像化和速率两方面都占据了目前已知技术和体验升级的巅峰。换句话说，也就是在基础形式上达到了媒介升级双螺旋的制高点。

这就是为什么扎克伯格等国际大佬如此看好直播，也是BAT、360、微博等大品牌必须布局直播的原因：直播这种形式是理论上最好的信息抵达方式，而在信息时代，占据了信息传播的话语权也就占据了一切。

## 流媒体时代：信息交互方式的底层升级

在进入关于直播的深层解读之前，还有另一个先决条件需要弄明白，那就是：直播也是媒体形状。

自媒体时代，以关注与被关注和社交媒体平台缔结而成了新的媒体关系，改变了传统媒体基于报纸、杂志、广播、电视等终端的媒体信息交互方式，达成了高度即时化的信息交互。

互联网所追求的就是一切去极致化。但自媒体环境的媒介交互依然存在很多问题。

### 1. 优质信息与用户需求之间对接不匹配

由于自媒体的基本对接形式是关注行为，而在自媒体体量爆炸之后，用户想寻找到与自身需求相匹配的垂直内容其实非常困难。内容与受众间的链接需求导致了智能推荐等开放生态媒体的出现，而直播作为一种全开放式媒体，其对接信息收放双方的效率更高。受众可以极快地判断所需求内容，并且即用即走，随时可看。这是基于文字图片的媒体形式无法达到的。

### 2. 内容表达方式不足

人类的感官形式是视频化的，而图片和文字都是对视频化的视觉效果进行复制和二次释放，这就导致了其中的表达方式始终有所欠缺。例如，新闻内容，经过图文报道后的新闻表现效果必然不如视频，但视频内容却又有制作时间的限制，而直播就可以达到最大限度地仿生人体视觉和听觉感知，用最丰富的表现形式来传播内容。无论是对于内容表达还是营销传播，都有图文形式所无法企及的优势。

### 3. 传播速度依旧有提升空间

如上所述，自媒体环境虽然传播速度已经很快，但依旧有制作内容的需求时间。即使受众第一时间可以通过自媒体环境了解信息，但却无法第一时间获取深度解读和全景复原等内容，而直播却可以解决这些问题。

传播学上将 21 世纪称为流媒体（Streaming Media）时代。流媒体是指信息可以借由信息流的形式快速生产和传播，流式技术完成了传输中间环节的达成可能性。

直播正是流媒体时代的最新宠儿，它的出现对信息交互形式进行了底层升级：单一信息发生体可以借助新技术完成快速的对众信息释放，并且近乎于没有传播间隙和信息转化流程。这种模式在传播中的流畅度和多元化，带来了全新的商业想象空间和内容创造想象空间，自然能引起有识之士的极大关注。

从信息流传输的角度来看移动直播，似乎可以看到一个新的世界。这种传播网络组成的是一种传播效率高（终端即是受众）、信息流持续时间长（陪伴式消费）、表意方式充沛（语音、图像、后期技术结合）的传播机制，这就是貌似简单，但背后却带给人无限遐想的直播。

互联网时代，聪明人已经不会再投资那些看似价值很高，实际已经来到价值增量"天花板"的领域。因为大家需要的不是保值，而是增值。

如果只将直播理解为一种新兴的娱乐方式和变现工具，那就是只看到了直播作为秀场的这一个初始面，没有看到直播可能带来的无穷增量。

把直播看做一种有效的流媒体形式，或者说自媒体矩阵的升级和变种，那么它后面所能达到的普及度、市场价值和行业高度，就是难以想象的了。

相比技术感官中的直播，还有另外一种视野中的直播价值，那就是从传播学的角度上来讲，直播究竟带给消费者什么。

## 体验感升级：直播场景给了用户什么？

首先，来看一个可以说非常极端的案例。

2016年12月，山东某市男子抢劫一家金楼，劫走了大量黄金等名贵金属。警方仅仅用了19个小时就抓获了犯罪嫌疑人。令人意外的是，犯罪嫌疑人并非什么穷凶极恶之徒，甚至之前家境还不错。而导致他走上不归路的原因竟然是每天在直播平台上给女主播打赏，最终因欠下了15万元债务而铤而走险。

在这里分享这个案例，绝不是希望大家带着有色眼镜看直播，认为直播带来了不良影响或者认为直播能赚钱。要知道，任何形式的娱乐和生活方式都可以让人着迷，个体的自控不当并不能把责任归因于技术升级。

但越来越多沉迷于直播，并且在直播平台一掷千金的个案，却不禁让人想要知道：直播到底带给了用户什么，导致用户群落如此疯狂？

有些媒体粗暴地将直播消费推给"低俗""色情"等字眼，事实上是把场景体验简单化。用一些黑点贬低整个价值革命的粗暴方式。

事实上，直播作为一种新的感知场景，带给用户的是多种体验感的全面升级。而体验感则指向用户流量与消费力，这也是直播带给资本和产业的一种根源许诺。

从总体上来说，直播能带给用户以下四大体验升级，在此分别进行讨论。

### 体验升级一：陪伴感

直播的最大特征，是区别于在线视频的录制与播放逻辑，让主播与用户同处在一个时间概念之中。这样带来的优势有很多，其中最有价值的一个就是让用户获得了现代心理学中所强调的人类的必需情感之一——陪伴感。作为群体动物，人类天生有寻找陪伴和给予陪伴的心理冲动。但现代都市生活带来的陪伴感越来越少，陪伴机制越来越复杂。有心理学家认为，网络游戏的风靡很大程度上就来自其陪伴感的提供给青少年用户带来了巨大的冲击。但是要知道，现代都市生活的节奏越来越快，白领一族连去网络游戏中寻找陪伴感的时间都没有。所以，需要一种机制能够提供更加简单、高效的陪伴体验。而直播采用最简单的操作随时提供主播的同步在线，可以说是都市丛林中陪伴关系的最好载体。

**体验升级二：互动体验**

无论是电影、电视、广播，还是游戏、社交网络等，对于大部分普通用户来说，自身身份永远是处于信息接收的一方，在远处作为观众来观看表演的进行。但直播却不一样，直播以评论和打赏互动为载体，让用户可以随时与主播互动，甚至影响整个表演的走向，以至于在很多新的直播栏目中，主播会策划各种逼真的故事表演，由观众的打赏和投票来决定故事走向。这让观众找到了前所未有的参与感，这也让直播的体验相较其他娱乐形式都要真实。

**体验升级三：重塑表演距离**

表演距离是戏剧学中的一个概念，并非指舞台与观众的现实距离，而是舞台表演与观看者之间存在的心理距离。尤其在现代娱乐业兴起之后，"明星"这个概念把表演距离拉得越来越远，表演者的身份地位越来越高。这虽然带给了观众崇拜体验，但事实上也消弭了一部分其他类别的心理愉悦。而直播的出现，让表演者可以无限制地拉近与受众之间的距离。每个受众都会觉得主播在单独为自己表演，甚至自己可以决定主播的表演。这种模式让消费者产生了跨越式的心理愉悦，从而直接影响消费决策。

### 体验升级四：消费暗示

移动直播模式，借助于目前移动支付技术和安全风控技术的提高，在消费上真正做到了实时消费。比如在欧美国家，你看到了主播的精彩表演，想要线上支付报酬，要跳转到在线信用卡体系中，填写大量资料。而此时瞬间储备的消费冲动往往会变淡甚至取消付费行为。由移动支付普及化带来的直播红利，是直播的交互体系中可以安插各种消费暗示，并鼓励用户为主播打赏，通过游戏化、仪式化的体验来增加消费快感。这是一种非常聪明的商业逻辑，也让直播平台快速吸收资金，完成盈利成为可能。

通过这四大升级，我们了解到了直播所能带来的用户场景进化。这是资本市场和技术风口都在追逐直播的一大原因。还有一个原因很多人并未看到，那就是屏幕泛在化的硬件进化。

## 从多屏到无屏：屏幕泛在化带给直播的想象空间

终端是什么？

我想这是一个十年前的你不知道，今天的你必然知道，十年后的你又会不知道的问题。为什么这么说呢？

因为十年前人们对终端这个概念还很陌生，即使有人将PC称为用户终端，但也没对人们的生活产生多大的影响，因此，对于普通人来说根本不重要。

但在今天，智能手机把每个人都联系在一起，并成为整个生活、工作、娱乐的中心，几乎所有交互关系都可以围绕着手机这个中心场景来执行和开展。于是终端成为了人们生活中的核心关键词。

但在物联网和人工智能高速发展的今天，智能手机风潮之后，人类又迎来了去中心化终端的趋势。从家电、汽车、电视、VR设备，到各式各样的生活场景，都可以成为终端屏幕的放置点和人工智能接入口。

人类的信息接收与交互，正在从手机的单一屏幕，快速向多屏幕协同的智能多屏方向演进。将来很可能是无处不屏幕的"无屏时代"到来。可想而知，带给直播的商业想象空间有多大。

不妨设想一下，主播可以随时随地通过屏幕泛在化技术与全世界的无数屏幕链接为一个整体。一个人可以通过手机与数千万电视、计算机、车内甚至广场、荒野投影中的屏幕相联系，让自己的声音和动作被近乎无限延展。

在整个社交媒体历史上，有一个最重要的概念，就是人的被放大。人作为单一个体，是渴望被聆听、被感知、被认同的，同时作为社会群体，人类也需要感知其他信息。但在社会和族群关系复杂的现代社会，单一、有效的信息又很难被准确传达到受众的需求那里，于是人类发明了搜索、安装、智能推荐等各种技术。但这些技术的传播半径都不够广泛，只有让个体生命随时通过技术链接所有需求点并进行全景呈现，人的声音才能真正达到最大化。这也是直播之所以能引发革命的根本原因：直播可以成为放大镜，让人更显著地呈现在世界中。

这是一个巨大的工程，其中却蕴含着无数的商业机会和创业空间，如VR直播、车载直播、大屏幕直播，都给移动直播的下一步升级进化带来了可能。同时，垂直内容类的教育直播、学习型直播、泛娱乐直播，也因为需求和信息发生之间的交互关系可以被放大，从而拥有了显性市场。

总而言之，今天拿着手机看直播只是一种直播的初级形式。未来技术的发展和人工智能时代到来，会让每个人都可以成为主播，每处土地都可以收看直播，每个个体都处在复杂的直播与感知关系网中，成就自己的社会与社交价值，此可谓直播革命。

## 2 互联网土壤的进化之路

互联网正在改变一切。

这句话想必每个人都不会再有疑问了吧！但互联网也在不断进化和革新，从早期的电话拨号上网，到 4G 网络的普及，互联网上半场的红利逐渐退散，时代已经引领我们来到了移动互联网时代。移动互联网土壤下催生了新的直播模式——事件直播、体育（奥运）直播、演唱会现场直播，越来越便捷的直播条件，最终让全民直播得以实现。

下面总结了六个方面的进化,来说明直播行业的爆发不是一个意外。

## 移动互联网条件成熟

宽带网络、4G 网络与智能手机的普及,移动互联网的人口红利期,让直播条件更便捷。

### 智能手机的进化之路

智能手机的普及,是伴随诺基亚这个巨头倒下为轨迹成长起来的。影响手机行业的三个主要因素是手机品牌、系统及处理芯片企业。在 2010 年之前的十多年里,诺基亚还统治着手机行业。当 2007 年苹果发布第一款 iPhone,以及自身的封闭系统 iOS 的时候,开始动摇诺基亚的"伪智能"概念;随即,2007 年 11 月 5 日,另一个巨头谷歌公司正式发布安卓(Android)操作系统。于是,短短几年内诺基亚的高端市场被苹果和三星占领，中低端市场被采用安卓系统、MTK 芯片的中国手机品牌蚕食，最终诺基亚这个手机巨头轰然倒下。

智能手机的前期，苹果、三星手机价格动辄 4000 元以上，消费者对智能手机概念还比较模糊，很多消费者还停留在诺基亚的"伪智能"概念中。因此，高性价比产品是选购的核心。

诺基亚在功能手机时代的市场占有率远超三星和摩托罗拉，是无可争议的霸主。可是，在苹果手机于 2007 年刚出现的时候，诺基亚显然还没意识到自己将被革命。从看不起，到看不懂，最后反击效率太低，变成追不上，这个过程仅仅是几年时间而已。行业巨无霸在一夜之间被颠覆和革命，正如 PC 行业曾经的霸主 IBM、企业工作站曾经的霸主 Sun Microsystems。诺基亚有没有进行过抵抗呢？有的，只是每一步都做得很被动，正如其 CEO 约玛·奥利拉在诺基亚被微软收购之后的哀叹：我们并没有做错什么，但不知为什么，我们输了。

不能不说诺基亚错失了智能手机狂奔的时代，微软Windows Phone 和诺基亚的 Symbian 系统，原本有望与前两者去争夺一个三足鼎立的机会，可惜随着两大芯片公司，美国高通和来自中国台湾的 MTK 加入更具开放性的安卓阵容之后，智能领域的格局在这 5 年里被彻底颠覆了。

以苹果和三星为代表的智能手机早期高昂的价格，给了中国手机品牌一个机会，而让它们插上腾飞翅膀的，是来自中国台湾的联发科技（MTK）。在 2010 年 7 月 12 日正式加入由谷歌为推广 Android 操作系统而发起的"开放手机联盟"之后，联发科技的 Android 智能型手机解决方案，有望让 Android 系统智能手机成本降低 2/3。搭配上游产业非常发达的深圳地区，中国手机品牌由此打破了苹果和三星这些高端品牌在技术和上游材料的壁垒。手机正式过渡到 iOS 和安卓平台两匹马赛跑的格局。

2010 年还有另一家手机品牌小米，也开始了它的征程。现在回顾，小米无疑是最早利用互联网营销思维获得成功的手机品牌。小米利用社区营销，从做刷机 ROM 开始，聚集了一大批手机"发烧友"，打造性价比手机。"为发烧而生"

这个 slogan（口号）为小米带来了巨大的营销势能，赢得中端价位的手机市场。2015 年是小米手机品牌的巅峰期，其出货量超 7000 万台，位居中国市场第一。考虑到获得这个成绩，小米只用了 5 年，让人不得不感叹互联网革命势能之强大！

手机市场格局一览表详见表 1-1。

表 1-1 手机市场格局一览表

| 手机品牌 | 处理器芯片 | 系统 |
| --- | --- | --- |
| 苹果 iPhone | 苹果处理器 A 系列 | iOS |
| 高端：三星、华为、OPPO、vivo、小米 | 高通、MTK | 安卓 |
| 中低端：国内品牌 | MTK | 安卓 |

智能手机市场经过 5 年多的发展，市场规模从 2011 年的 1.2 亿部升至 2015 年的 4.341 亿部，但是年增速已经大幅下滑至仅有个位数，这足以说明互联网上半场革命已定，网民人口红利期已经结束。

2011—2016 年智能手机出货量及增长率详见图 1-1。

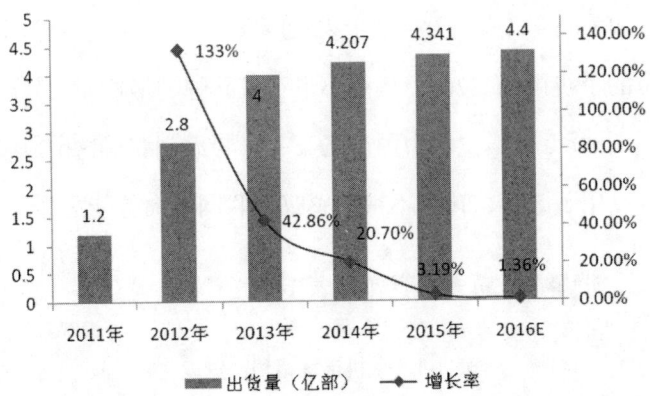

图 1-1　2011—2016 年智能手机出货量及增长率

数据来源：中商产业研究院。

## 4G 网络的普及

网络人口红利期结束的另一个特征是，4G 网络的发展已经很难重现 2G 换 3G 时代，大规模消费者换手机的现象。图 1-1 所示数据显示，从 2015 年开始，国内智能手机市场呈现饱和趋势，预计 2016 年的市场规模在 4.4 亿部左右，较 2015 年大体持平。

尽管如此，2014 年是中国移动在网络、资费、终端发展非常快的一年，中国移动在 4G 一年的时间内，完成了 3G 时代需要耗费 3 年才完成的终端价格和品类双双快速进入发展快车道的目标。截至 2014 年 10 月月底，4G 用户早已突破了 5000 万大关。而 2015 年，中国 4G 市场更是发力狂奔。

**关于 4G 网络**

第四代移动电话行动通信标准，指的是第四代移动通信技术，即 4G。该技术包括 TD-LTE 和 FDD-LTE 两种制式（严格意义上来讲，LTE 只是 3.9G，尽管被宣传为 4G 无线标准，但它其实并未被 3GPP 认可为国际电信联盟所描述的下一代无线通信标准 IMT-Advanced，因此，在严格意义上其还未达到 4G 的标准。只有升级版的 LTE Advanced 才能满足国际电信联盟对 4G 的要求）。4G 是集 3G 与 WLAN 于一体，并能够快速传输数据、高质量、音频、视频和图像等。4G 能够以 100Mbps 以上的速度下载，比目前的家用宽带 ADSL（4Mbps）快 25 倍，并能够满足几乎所有用户对于无线服务的要求。此外，4G 可以在 DSL 和有线电视调制解调器没有覆盖的地方部署，然后再扩展到整个地区。很明显，4G 有着不可比拟的优越性。

## 成熟的政治因素

近几年,国家对直播行业的管控越来越规范。从 2013 年 8 月 12 日文化部发布《网络文化经营单位内容自审管理办法》以来,动作频频,同时针对性法规也陆续出台。

每年全国"扫黄打非"办公室开展"净网"专项行动,除了着力清查重点领域平台,着力查办重点案件外,这两年更加突出"微领域"整治。比如,2016 年的"优衣库不雅视频"在微信、微博等网络社交平台"病毒式"传播,引发舆论持续关注和强烈谴责。在处置过程中,各地协调相关部门制订工作预案,有效协作配合,形成快速反应机制,确保发现问题能够立即采取措施,有效阻止有害信息传播蔓延。

2015 年 2 月,由北京网络文化协会会员共同讨论达成的《网络文化行业发展与自律北京共识》(以下简称《共识》),这份《共识》贯彻落实了习近平总书记文艺工作座谈会重要讲话精神、促进网络文化健康发展的认识和决心。《共识》号召北京网络文化协会全体会员和全国业界同行，在正确价值观引领下创造传播先进文化，在融合发展中协同共进，壮大自我，在道德和法治的清朗天地里挥洒自如、服务社会。

2016年6月，9家直播平台的40名主播因涉黄被永久封禁，这是自2016年4月13日北京20家网络直播平台公布《北京网络直播行业自律公约》后，因违规首批被列入主播的黑名单。

2016年6月28日，国家互联网信息办公室发布《移动互联网应用程序信息服务管理规定》（以下简称《规定》）。国家互联网信息办公室有关负责人表示，出台《规定》旨在加强对移动互联网应用程序（APP）信息服务的规范管理，促进行业健康有序发展，保护公民、法人和其他组织的合法权益。应用程序已成为移动互联网信息服务的主要载体，对提供民生服务和促进经济社会发展发挥了重要作用。与此同时，少数应用程序被不法分子利用，传播暴力恐怖、淫秽色情及谣言等违法违规信息，有的还存在窃取隐私、恶意扣费、诱骗欺诈等损害用户合法权益的行为，社会反映强烈。《规定》

明确，移动互联网应用程序提供者应当严格落实信息安全管理责任，建立健全用户信息安全保护机制，依法保障用户在安装或使用过程中的知情权和选择权，尊重和保护知识产权。

2016年7月，文化部公布查处直播平台名单。直播平台的大量涌入和快速发展让国家监管层加大了力度。文化部公布了第二十五批违法违规互联网文化活动查处名单，依法查处23家网络文化经营单位共26个网络表演平台，共计关闭严重违规表演房间4313间。其中12家运营单位因提供含有宣扬淫秽、暴力、教唆犯罪和危害社会公德等违法违规内容被责令立即整改，另有11家单位因未经许可擅自从事网络表演等违法违规经营活动而被责令整改。

2016年7月，文化部出台了《文化部关于加强网络表演管理工作的通知》，国新办发布《移动互联网应用程序信息服务管理规定》。直播平台的内容监管逐步细化，让直播行业不断规范化，直播行业拥有良性发展环境。

随着频繁而密集的法规出台，网络主播开直播将面临越来越严格的管控，行之有效的办法之一就是主播通过考核或者考试，获得有效证件才能开通直播。当然目前还没有相关条规出台,对于直播平台来说,加强自身管理和主播的自律行为才是最有效的。

## 社会因素

随社会结构调整,人们基于网络的娱乐消费需求增加。网民基数庞大,新一代互联网"原住民"已经成长,"宅男""宅女""二次元"是新一代网民的称谓。

CNNIC 于 2016 年 7 月 23 日发布《第 36 次中国互联网络发展状况统计报告》显示,2015 年上半年,中国网民的人均周上网时长达 25.6 小时。截至 2015 年 6 月,我国网民规模达 6.68 亿,半年共计新增网民 1894 万人。互联网普及率为 48.8%,较 2014 年年底提升了 0.9 个百分点。虽然整体网民规模增速继续放缓,但 2016 年中国网民可望超过 7 亿人口。

"宅男"一词的流行,可以追溯到 2005 年。中国台湾批踢踢实业坊的版面(如 Hate、JapanDrama)流行看《电车男》

的日本短剧，由于内容是一个不修边幅的日本 ACGN 御宅与高挑美女邂逅的故事，接着中国台湾批踢踢网友开始喜欢在 Hate 板上戏称自己在家里不出门很宅，或是那些整天上网的人为宅男，从此"宅男"一词开始在中国台湾大肆流行。

"网络原住民"。"原住民"是新一代网民的特征，"90 后""00 后"生逢中国互联网时代的开启，"一识字即会上网"伴随着"90 后"的成长。有数据显示，"90 后"大学生中，超过 30%在小学期间即开始接触互联网。网络原住民是基于移动互联网及智能手机普及率的提高，因此他们更懂得网络。

二次元文化。该用法始于日本，早期的日本动画、游戏作品都是以二维图像构成的，其画面是一个平面，所以，被称为是"二次元世界"，简称"二次元"，而与之相对的是"三次元"，即"我们所存在的这个次元"，也就是现实世界。现在二次元有时也泛指喜爱 ACGN 的人。ACGN 为英文 Animation（动画）、Comic（漫画）、Game（游戏）、Novel（小说）的合并缩写，新的网络群体从小练就了获取资讯的本领，会利用网络，也依赖网络。他们不再像父辈那样，被拘束在单一的中国文化和单纯的大学校园之中。他们甚至不需要走出家门，走出国界，就可与不同肤色和语言的人进行交流，通过互联网即可轻易获取信息，拥有更广阔的视野。他们又有着一些鲜明的特征。

对手机的依赖。随着社会进入人手一机的时代，越来越多的人变成了"低头族"。他们在路上行走的时候低头看手机，在朋友聚会的时候低头看手机，在蹲厕所时低头看手机，甚至在朋友间拥抱的时候也不忘拿起手机看看。手机是社会高度发展的一种体现，手机极大地方便了人与人之间的沟通和交流，地球由于手机的存在，正在变得越来越小。以"自我导向"的消费倾向为主，具体表现为追求舒适、审美及性价比。新网民更容易被实实在在的可感幸福吸引，而非"成功学"。在他们的流行语录里，有这么一个词——"小确幸"，指的是一种微小而确定的幸福。

新网民对"心灵鸡汤"有着天生的免疫力，他们不愿意为了钱和物质去牺牲自己的生活品质。但是为了生活的美好，也愿意不断努力、奋斗。

如图 1-2 所示为 2010—2015 年中国网民规模及手机网民占比。

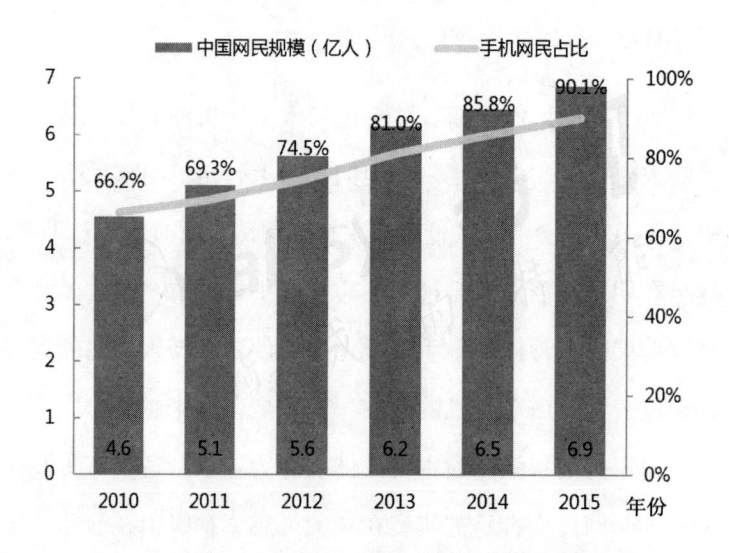

图 1-2　2010—2015 年中国网民规模及手机网民占比

数据来源：易观根据 CNNIC 公开数据整理所得。

## 经济环境

国内 GDP 稳定增长，以及大批"90 后""00 后""互联网原住民"的出现，让国民舍得为内容产业消费。

据有关数据显示，直播平台中 24 岁及以下和 25～30 岁的用户占比高达 73.1%，就用户年龄分布来看，娱乐直播用户大都是在互联网中成长起来的"85 后""90 后"年轻用户；就用户职业分布来看，自由职业者占比 34.7%，是娱乐直播用户的主力人群；其次是学生，再次是工人/服务人员，其他职业的用户占比则相对较少。娱乐直播用户多悠闲，有相对自由的时间观看直播，如图 1-3 所示。

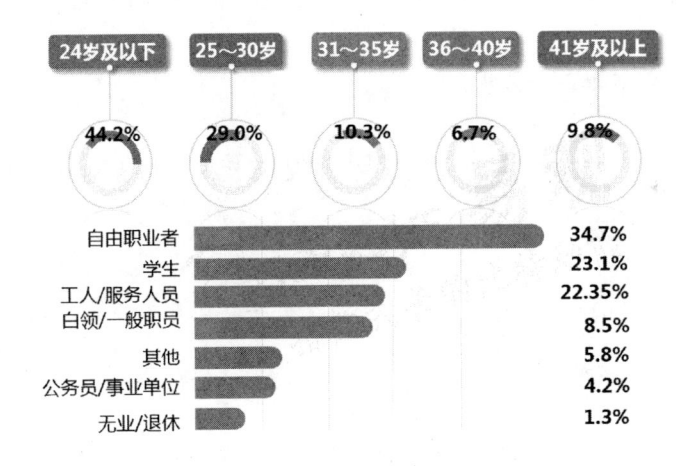

|  |  |
| --- | --- |
| 24岁及以下 | 44.2% |
| 25～30岁 | 29.0% |
| 31～35岁 | 10.3% |
| 36～40岁 | 6.7% |
| 41岁及以上 | 9.8% |

|  |  |
| --- | --- |
| 自由职业者 | 34.7% |
| 学生 | 23.1% |
| 工人/服务人员 | 22.35% |
| 白领/一般职员 | 8.5% |
| 其他 | 5.8% |
| 公务员/事业单位 | 4.2% |
| 无业/退休 | 1.3% |

图 1-3　直播平台中的用户年龄及职业分布

*数据来源：千帆只对独立 APP 中的用户数据进行监测统计，不包括 APP 之外的调用等行为产生的用户数据。*

## 资本的追捧

娱乐直播在一年多的时间中备受资本和网络巨头的青睐。直播平台数量已经超过300家，同时BAT也在发力直播行业。

直播平台融资事件：

- 2015年3月，宋城演艺26亿元收购秀场直播平台六间房。

- 2015年10月，光圈直播获合一集团和紫辉创投天使轮融资。

- 2015年11月，映客直播获昆仑万维8000万元A+轮融资。

- 2015年11月，龙珠直播获游久游戏和腾讯的近亿美元融资。

> 2016年3月，易直播完成6000万元A轮融资。

> 2016年3月，腾讯4亿元领投，红杉和南山资本跟投斗鱼。

> 2016年4月，触手TV获得2000万美元融资。

> 2016年7月，抱抱直播获得华映资本领投，GGV、顺为资本和险峰长青等参投的1亿元B+轮融资。

> 2016年8月，斗鱼获得由凤凰投资与腾讯领投，深创投等跟投的C轮15亿元融资。

直播平台上市事件：目前已经上市的直播平台分别是欢聚时代-YY、天鸽互动-9158、宋城演艺-六间房、网易-网易BOBO、合一集团-来疯直播。呱呱视频拥有光线传媒和腾讯两家公司的投资。

BAT 直播平台布局一览表详见表 1-2。

表 1-2　BAT 直播平台布局一览表

| 公司 | 自身平台 | 投资平台 |
| --- | --- | --- |
| 百度 | 百度百秀：百度旗下视频娱乐直播平台，业务重在 PC 端，直播形态以秀场为主 | 爱奇艺-奇秀：原爱奇艺旗下独立秀场直播产品，现作为娱乐生活服务方式被整合进入爱奇艺 APP 内 |
| 腾讯 | 腾讯直播：主打泛娱乐和明星粉丝直播；<br><br>企鹅直播：主打体育赛事直播；<br><br>花样直播：主打互动娱乐直播；<br><br>NOW 直播：主打素人直播 | 斗鱼、龙珠及呱呱视频 |
| 阿里巴巴 |  | 优酷直播：优酷视频平台内置直播模块；<br><br>来疯：优酷旗下视频直播生活秀平台，内容以秀场、综艺直播内容为主 |

## 变现模式的可行

随着打赏模式,直播与电商、企业、培训等方面的结合,让直播变现模式更丰富。

直播平台的几大"买单"群体如下:

▶ 传统互联网培养出大批"舍得"为娱乐内容消费的群体。

▶ "网红"投机机构。经纪公司、工会、互联网大V。

▶ 直播+的衍生行业。企业、电商、交友平台,等等。

## 3 "网红"进化之路

直播平台绕不开"网红"及"网红"经济"这个概念。

"网红"1.0是文字时代的李寻欢、今何在、安妮宝贝、痞子蔡,他们有着超强的文字功底和讲故事能力;"网红"2.0是ayawawa、流氓燕、芙蓉姐姐、奶茶妹妹,她们凭借美女图文夺尽眼球;"网红"3.0是胡戈、Papi酱、国民老公王思聪、罗辑思维罗永浩,他们生产创意性专业音频、视频内容赢得人心，或者在视频直播行业呼风唤雨。

罗辑思维老罗仅靠卖书一年销售额就超过一亿元，在他的协助下，Papi酱第一个广告卖了2200万元。但还有更厉害的，近期最火的游戏主播新闻，当属虎牙直播平台签约女主播Miss——3年接近一亿元的天价合同！据说游戏直播业界，稍微有名气的主播的收入都很可观，月入10万元对于他们而言，并非难事。IP势能带来的效益远超过产品销售带来的利润，这就是不断升级的"网红"经济。

## 看脸还是内容？

100年前，徐志摩说："美是人间不死的光芒。"100年后的今天，我们说："你长得好看说什么都对！"追求美丽是生物的天性，狼群之中，能当上领头狼的，除了四肢健壮，牙齿锋利之外，皮毛也一定是最光滑的。

有传闻讲，希特勒在出任总统后，还进行了数次鼻部整形手术。到了今天，人们更是光明正大地去消费美丽。大到汽车，小到手机，都在追求极致的工艺美学。粉丝们追捧"小鲜肉""小鲜花"，更是底气十足地说"我们就是他/她的'颜饭'！"

直播，就是看脸时代的产物。某款直播 APP 让人印象最深的 Slogan 就是"你丑你先睡，我美我直播"。一些人疑惑，主播吃饭喝水你们也爱看？粉丝们回答，她/他长得好看就算一动不动地睡觉我们也愿意看！最近，还真有一款直播 APP 开始直播主播睡觉。这款 APP 邀请了一批演员、艺人、模特等主播把手机架在床边，还真的开始每天晚上直播睡觉。这样看似荒诞的举动却引来了大批网友追捧，还把直播睡觉的主播们叫做"睡美人"，原因是什么？

因为这些主播个个颜值爆表，都是"女神"级的人物，网民们也实现了自己的"承诺"，只要长得好看，直播睡觉都会看。其实直播睡觉这件事，本质上是满足了人们的窥私欲。

互联网弱化了人和人之间的距离，颜值直播上的主播，很多是艺校学生、模特艺人，这些人常常被称作"女神"。

她们被神化的原因，除了外表美丽之外，更多的是给人的那种距离感，如果用颜值来区分社会阶层，她们显然是金字塔顶端的生物。

打开直播软件，或许上面都是"女神"，可是从我们的朋友圈和通讯录里面翻一翻，能称得上"女神"的却不多。美女直播这么火，很大一部分原因就是给了人们和另外一个社会阶层沟通的途径。

尤其是一些宅男，面对"女神"平时连话都不敢说，现在竟然能够看到对方睡觉的样子，难怪都大呼"福利"。

颜值直播主张的口号是"全中国最美的人都在这里直播"，在开启直播之前，颜值APP原来是一个聚集中国最美的人的图片社区，还曾经得到过黄晓明的投资。从图片社区到直播，颜值一直坚定地走着"看脸"路线。

对于受众来说，直播作为一种"杀时间"的方式，自然要带给人们一些愉悦的感受。就像看风景一样，人人都愿意看山看水，不愿意看光秃秃的土坡子。

现在很多直播平台对内容毫无筛选制度，主播质量良莠不齐，很难形成用户黏性，很多人只是进来看个热闹的观光客。

而颜值直播对主播入驻有着严苛的审查资格，除了有在颜值 APP 时期累积下来的高颜值人群，还在北京电影学院、中央戏剧学院等顶级艺校的学生中筛选，并且邀请歌手、演员和艺人入驻，就是要给"外貌协会"打造一个天堂！

"网红"盛行，越来越多的人想凭借高颜值进军娱乐行业，可是因为没有资源却不得其门。主动寻找经纪公司很有可能遇到骗子，参加选秀节目成本太高。对于导演和正统经纪公司来说，想要挖掘有潜力的新人也不是一件容易的事。

在 PS 风行的中国，不少导演吐槽过在通过照片筛选新人时遇到过"货不对版"的状况。颜值直播想做的，就是一个沟通演艺新人和经纪公司的平台。

通过平台自身的筛选制度来保证新人的质量，打破传统影视行业信息不对称的现状。而且主播在平台对 C 端用户的吸引也能成为自身人气的证明，为自己添加筹码。

第三方影视机构可以通过平台上的数据来判断艺人的人

气，从而选择要不要进行签约。这样，主播、C端用户、B端第三方影视机构，就形成了一条清晰的产业链。而颜值直播就成了一个造星平台。

直播是场大"宴会"，只有做垂直、成为不可替代的产品才能不在"宴会"结束时仓皇离场。颜值直播所做的，正是抓住了大行业中的小市场，并且向相关产业拓展。

从"睡美人"事件的效果来看，颜值经济这一法宝效果不错，赢得直播行业中颜值资源的垄断，是颜值直播下一步的努力方向。

## "网红"4.0新概念

未来的"网红"，可以称为"网红"4.0版本，笔者大胆推测将会由直播行业来制造"产品"，新一代的"网红"将具有以下几个特征。

（1）阳春白雪

相对于文字、音频和传统的"严肃"视频，网络直播更具有随意性和亲和性。你想，一个高颜值的美女，在现实中看都不会看你一眼，而在网络中对你亲密无间，还能和你聊天，交流你感兴趣的事物（互动），仿佛就是你的女朋友，而且是"免费"！这种吸引力对于网络的大部分群体来说是不可抗拒的。

（2）内容制作越来越简单

传统的视频直播，要用计算机，要买很高端的设备。而如今，用手机就可以直播了。直播平台还自带"美颜"功能，这会让参与直播的门槛变得很低。

（3）全民参与，产生视频自媒体

参与简单，谁都可以随时随地进行直播，就会产生一个新的类似于微信公众号的自媒体模式，在此暂且称之为视频自媒体。自媒体有多样化、平民化、普泛化三大特点。

多样化。多样化是指对于各种"技能"或者"有趣""好玩"的视频展示。因为全民参与,必将导致质量参差不齐,让流量分化。这似乎和网络的"一匹马"定理不符。众所周知,一般网络流量只追逐第一名,其他的都会被弱化或消灭。例如,罗辑思维追捧 Papi 酱,将 Papi 酱进行营销包装,定义 Papi 酱是"新一代'网红'第一人",估值1.2亿元,最后卖出了2200万元的天价广告。但在红海领域的淘宝电商中,还有一个"小而美"定理。也就是说,在细分领域做到第一名,同样可以获得很好的生存空间。拼颜值、拼吹拉弹唱跳脱,这些都是属于过去式的网络直播方式。未来的"网红",可以吸引眼球的东西将被无限放大,而观众需要做的只是输入你感兴趣的"关键词"。

平民化。自媒体的传播主体来自社会底层,自媒体的传播者因此被定义为"草根阶层"。当然,随着许多"造星"公司的出现,直播平台的"网红"可能会违背平民化中的"客观性"和"公众性",可称之为"伪平民化"。事实上,这两年经营各类自媒体的企业也正呈爆发性增长。

普泛化。作为自媒体最重要的作用,网络给予主播最大的话语权和发挥空间。她（他）可以彰显个性，天马行空，展示自己最"有价值的一面"。

## "网红"经济的进化

"网红"经济催生了许多"网红"经纪公司，以及类似网游的"公会"组织，"网红"像流水线产品那样，被经纪公司批量"生产"出来。

因此，"网红"经济在进化中产生新的供需关系。直播的观众多数是宅男宅女，大家都是捧着手机，围着"微信"转的低头族。在私人时间里，看着女神（男神）聊天，绝对是一件心情愉悦的事情。而未来更多的主播方，同样是宅女宅男，他们需要的是"炫耀技能"，赢得"众星捧月"的感觉，以此来打发无聊时间。这种平民化的供需，打破了传统的观众追捧明星的单方面需求。平民化的视频直播让主播和观众双方都得到了巨大的满足感，将会引领一种新的交流方式。

此外，在直播平台中，另类"网红"——意见领袖（KOL）及明星会降维打击。娱乐圈不断在"造星"，自媒体产生许多意见领袖。直播平台会成为他们展示的另一种工具，而且与平台之间的互动会越来越多。

在直播平台中，UGC 和 PGC 两类内容都有各自的需求消费者。随着"直播+"在未来衍生出越来越多的模式，"网红"经济也将不断进化。例如，企业化身个性化"网红"，直播平台未来将成为企业的一种必不可少的营销工具，而品牌在直播平台中变得更加具有个性，企业在直播平台中将化身为"网红"，以获得社群营销效益最大化。

## "网红"经济在呼唤连接

笔者曾经提到，2016 年是"网红"进入量产时代的一年。新浪微博无意做内容产生者，而要做"网红"经济中的连接者。微博 CEO 王高飞说过："微博不会生产内容，而是帮助

'网红'建立与经纪公司以及粉丝之间的联系,同时微博将支撑更多的'网红'经纪公司,协助经纪公司签约和发展更多的'网红'账号,从而提升公司的竞争力和价值。"

一边是越来越多的优质内容生产者,一边是从大屏到小屏的流量倾斜。"网红"经济已经开始野蛮生长,急需经纪公司将其规模化、产业化地进行收割。

对于内容创作者来说,仅有优秀的内容生产能力(包括才华、创意和颜值)是不够的。要想得到可持续的经济回报,还需要渠道拓展、公共关系维护和粉丝运营,很多"网红"昙花一现的原因,就是在机缘巧合之下成名,却不知道成名后应该做些什么,最终淡出人们的视野。而这些运作,没有人比经纪公司更擅长。

对于经纪公司来说,"网红"比明星更具有垂直性,在细分领域里"网红"的号召力并不比明星差。"网红"与明星最大的差别,就是他们的孵化场合、变现途径都集中在线上,而他们的粉丝也大多分布在社交媒体中。

想让"网红"经济真正从一种商品成为一种商业模式，还需要将经纪公司、粉丝和"网红"三者连接起来，从目前来看，微博是这三者最好的纽带。

## 不谈变现的扶持都是"耍流氓"

"网红"经济对于变现的探索，在 3.0 时代达到了一个小高峰。曾经"网红"变现的途径大多还停留于出书、接通告的阶段，变现难、速度慢成为影响"网红"走向商业化道路的最大问题。

在"网红"3.0 时代，直播平台和微博所展现出的观众数量、内容阅读量、评论量和转发量以数字的形式对"网红"的商业价值进行了直观的展现，内置的打赏功能和直播功能更是提供了最直接的变现途径。像 Papi 酱这样拥有千万微博粉丝的网友，已经展现出强大的广告吸金能力，像张大奕、穆雅斓这样的时尚达人，则将微博上的影响力与网店全面打通,掀起了"审美变现"的风潮;此外,内容代发等流量变现模式,也让"网红"拥有了成为一种职业的可能性。

流量在哪里,商业价值就在哪里。直播平台和微博依靠平台的开放性、传播的便利性为"网红"提供流量,作为"网红",想要变现,这些是最大的前提。

## 结束语

在明星都比着刷微博、写段子、开直播的今天,"网红"的概念,正在和明星的概念无限接近混淆。"追星"二字,在20世纪90年代和"四大天王"一同诞生。到了今天,追星已经从看演唱会、买CD变成了社交媒体上的一次次点赞转发、直播平台中的打赏。而不变的,是明星效应下粉丝经济的巨大势能。

安迪·沃霍尔预言过,21世纪每个人都可以成名15分钟。给予人们成名机会的,正是新浪微博这样的媒体平台。

承载内容→提供流量→连接公共领域→提供变现途径→协助量产,没有任何一个平台能像新浪微博这样,为想成为"网红"和想收割"网红"的人提供了一套完整的解决方案。

微博不仅是"网红"经济的沃土,更是一位园丁。期待中国"网红"经济在新浪微博的精心培育下花繁叶茂!

## 4 移动直播：
## 　　内容行业下半场的开场哨

直播行业已经经历了野蛮成长期，未来趋势是实时化、全民化、互动化。

从 2010 年到今天，中国互联网的发展好像被按下了快进键。在资本的介入下，直播平台、互联网创业、互联网+、O2O、大数据、共享出行、虚拟现实……经历过一波又一波的非理性繁荣，在泡沫之中向前迈进。

据华创证券（Huachuang Securities）估计，截至 2016 年 6 月，大约 46% 的中国网民至少使用过一个直播应用，移动直播市场在 2015 年就拥有 18 亿美元的潜在价值，预计 2020 年将扩张到 159 亿美元。瑞信（Credit Suisse）认为：中国个人直播市场价值将在下一年达到 50 亿美元，仅比中国电影总票房（70 亿美元）低 20 亿美元，这已经达到了半个移动游戏市场的价值。

不难发现，这些变化是跟随前面所讲的智能手机和 4G 网络的普及，并由此带来的网络人口红利相关联的。互联网拥有强大的魔力，它像是一桌刚刚开始的牌局，每个人都有平等的机会，几行代码就让一个企业平地而起。直到 2015 年年底，这样的非理性繁荣还在继续，越来越多的资本涌入直播领域，目前已经有超过 200 个直播 APP，以及超过 300 个直播平台存在。这样的场景意味着什么？

直播革命已然到来。

## 直播行业的痛点

除了外患还有内忧,秀场直播急需变革。

愈发复杂的外部环境和日益激烈的竞争,让秀场直播备感压力。"打铁还需自身硬",如果秀场直播内容足够有料,甚至构成了一定的壁垒,那么也就没必要太过担心外部的一些因素影响。打开秀场直播,一系列问题不难发现。

内容:生产的内容(包括场景)太过单一,除了唱唱跳跳奇葩搞笑外,再无太多花样,用户易审美疲劳,流失率自然升高。

用户:消费虚荣价值观,平台并不带动审美,却带动审丑的发展,观众喜欢围观起哄。

商业:盈利模式单一,除了打赏这样简单粗暴的方式外,暂无其他可行模式。

监管:虽有加强监管,但没法做到天衣无缝,游走法律边缘的轻色情文化依然普遍，让整体的氛围显得较LOW。

由此可见，秀场直播行业现阶段最大的矛盾，是用户日益提升的审美诉求和主播方优质内容输出的持续性、创新型缺失之间的矛盾。

随着行业火爆，竞争也日趋激烈，为了站稳脚跟，赚足银两，一些秀场直播平台出奇招、抓眼球，铤而走险增加点击量，暴力、涉黄、猎奇等一系列直播内容频现。用"打擦边球"的歪招给用户换换口味，实乃无奈之举。仅靠"网红"的颜值和一些低俗内容终究只是一种快消品，并非解决内容问题的长久之策。

对于由"主播+平台+观众"所构成的秀场模式，观众端的需求一直都在，至于平台，在行业内总会有脱颖而出的公司来提供品质更佳的直播基础设施，因此，问题不大。不难发现，问题主要就出在主播端内容供给和粉丝吸附效应的可持续性上。要赢得下半场的胜利，关键取决于自身问题的解决能力，内容作为直播的核心，是最迫切需要解决的部分。

## 以"人"的需求为核心,以平台作为中心枢纽

直播平台成"网红"输出地,红人节之"十大网络主播"

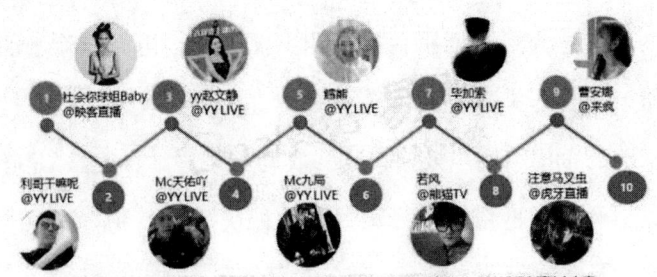

1. 社会你球姐Baby @映客直播
2. 利哥干嘛呢 @YY LIVE
3. yy赵文静 @YY LIVE
4. MC天佑吖 @YY LIVE
5. 脸脸 @YY LIVE
6. Mc九局 @YY LIVE
7. 毕加索 @YY LIVE
8. 若风 @熊猫TV
9. 曹安娜 @来疯
10. 注意乌叉虫 @虎牙直播

2016年6月16日,微博举办"超级红人节",由网友票选的十大顶级网红榜上,YY LIVE主播独占七席。

网络主播以女性为主,受用户打赏爱戴的却是男主播

- 女主播成为网络主播的第一大群体,女性主播占比高达64%,男性主播占比为36%;
- 2015年YY LIVE主播收入TOP20中,男女主播的性别比为13:7,男主播比女主播更受用户打赏爱戴。

2016年网络主播的性别分布情况: 男 36%,女 64%

2015年网络主播收入TOP20: 男 VS 女 =13:7

上面两个数据有两个很有意思的现象：

一个是网友票选的十大"网红"中，有7个是来自传统的YY LIVE。这说明经营直播行业最久的YY最懂得如何玩转直播。但是不是说明YY将会垄断直播行业呢？其实未必，毕竟映客和花椒都是移动直播行业的"新面孔"，它们的迅速发力也不容小觑。

另一个是男女主播占比分别是36%和64%，收入比例却是13:7。相信许多人都会习惯性地认为，直播就是依赖颜值+打赏的模式，可是男女主播收入却是反过来一边倒，这的确令人跌眼镜。事实上，尽管女主播观众多，但仅靠颜值和撒娇卖萌的套路是无法让观众形成依赖的。而男主播一旦获得认同，粉丝的忠诚度会高很多。卡尔·马克斯曾说过：当人不能掌控自己的命运时，就会成为宗教的俘虏。从某种程度上来说，"网红"更加亲民地展示了"偶像"的作用。

例如，排名第三的天佑，就是一个很有代表性的"网红"。MC（场控，负责喊麦调动现场气氛的主持）出身的他有励志的个人经历，以及极具个性的魅力，获得了许多网民的青睐，从而吸引了十几万铁粉。在网络中一呼百应的"网红"，自然赢得各种"土豪"的青睐。

## 未来的无限延伸：直播正在变成一种常规化的营销工具

记得2016年7月有一个案例，12位YY LIVE美女主播在炎炎夏日里，到街头给乘坐优步汽车的市民送雪糕，并与之互动。YY LIVE平台上开设了专题，多位美女主播同时出镜，围观网友超过十万人。虽然通过YY LIVE，让人以为是一场雪糕的植入广告（实际是优步打车）。这其实就是直播与企业品牌的一次BD（商务拓展）方面的尝试。

从个体需求延伸到品牌需求，直播将被企业当做常规化营销工具。随着越来越多的企业意识到这一点，直播市场将裂变为细分市场，比如未来可延伸的领域如下。

- 来自BAT的垂直打击：社交媒体+直播、电商+直播。
- 来自科技发展的需求：VR+直播。

> 未来细分市场的无线延伸：旅游、婚恋、科技产品体验、企业事件……

当然，直播平台的下半场，其先天优势不可忽略。以YY为例，这家基于在线音乐进化为多元娱乐的直播平台，对直播+X（任意领域）的尝试，肯定会更加超前。但只有具备扎实的基础，应对未来的转型才会更有自信。

## 结束语

随着互联网人口增长福利的消失，移动互联网时代的到来，给直播模式带来了全新的变革和机遇。

移动互联网时代的特点是即时性、快节奏、时间碎片化。智能手机逐渐成为人类接收互联网信息的"新器官"，人人都是低头族。因此，移动互联网带来的内容产业升级，让全民直播得以实现。

# 02 Chapter

# 直播行业透析：
## 风口之巅的百播大战

DIRECT SEEDING ▶

## 1 巨头统治下的国际直播领域

美国市场：国外直播平台"三足鼎立"的局面逐渐形成，分别是 Facebook Live、Twitter 的 Periscope 及谷歌 YouTube 移动直播服务。

**Meerkat 之殇**

2016 年 10 月 1 日，外媒（techcrunch）报道，曾经在 2015 年火爆一时的 APP——移动直播鼻祖 Meerkat 宣布从 APP Store 下架。创始人本·鲁宾（Ben Rubin）在其 Twitter 上宣布了将 Meerkat 从 APP Store 下架的消息，并称该公司随后将把主要精力投入到另一款视频群聊应用 Houseparty。

> **Ben Rubin** ✓
> @benrbn
>
> We just removed Meerkat from the AppStore 😔 bitter sweet moment seeing it go while celebrating @houseparty
>
> 1:53 AM - 1 Oct 2016
>
> ↵  ♺ 36  ♥ 109

在此回顾一下 Meerkat 从兴起到衰亡的过程。

### 源起

　　SXSW（西南偏南，South by Southwest）是每年在美国得克萨斯州的奥斯汀举办的可能是世界上规模最大的音乐盛典。每年都有来自世界各地的上千万的音乐人、乐队报名参加。所有大小唱片公司及媒体都会派代表到场，在 1000 多场演出之间奔波。很多还没有被签约的乐队，也希望能借他们在 SXSW 的演出，吸引媒体、唱片公司的注意力。2015 年 2

月，SXSW 上，Meerkat 被广泛应用，并开始在网络中爆红。

## 迅速火爆

作为一款基于 iOS 上的视频直播应用产品，Meerkat 最大的优势是移动直播，与 Twitter 账户关联从而获得巨大的客户流量。直播开始时，用户的 Twitter 账号会自动发送一条带有在线直播链接的推文，所有人都可以通过链接在任何设备上观看。用户只需要简单地点击就可以开始向粉丝直播，还可以提前预告直播时间。

SXSW 的成功，让 Meerkat 在两周内即获得 12 万用户，用户数量急剧增长到 30 万人。Meerkat 吸引了明星们的关注。狗爷（Snoop Dogg）、吉米·法隆（Jimmy Fallon）、麦当娜（Madonna），这些知名艺人都曾是 Meerkat 的爱好者，热衷于在这个应用上直播自己的生活，从清晨遛狗到走红毯，明星们的一举一动都吸引着粉丝的关注，也给 Meerkat 带来了免费的推广。有人用它直播 Ferguson 的抗议游行，滑板明星 Tony Hawk 在上面放出自拍，美国商务部部长 Penny Pritzker

甚至用它直播了美国专利和商标局新任局长的宣誓仪式。

资本市场对商机总是最为敏感的，紧接着，Meerkat 迅速完成了 1400 万美元的 B 轮融资，距离 A 轮融资仅仅过去了两个月，估值急剧飙升至 5200 万美元。这股热潮似乎要印证又一个硅谷互联网童话故事在诞生。

### 迅速下滑

Meerkat 的春风得意并没有持续多久，视频直播的火热引起了社交巨头们的注意。于是，2015 年 3 月收购 Periscope 的 Twitter 决定禁止 Meerkat 从 Twitter 导入粉丝，新用户只能在 Meerkat 中订阅其他用户的内容。与早在 2012 年封禁第三方微博类应用 API 一样，并不令人意外。但此举对迅速增长的 Meerkat 是一大打击。被 Twitter 拒绝之后，Meerkat 很自然地倒向了另一个社交巨头 Facebook，延续着自己的增长步伐。2016 年 5 月，Meerkat 上的主播数达到了 10 万级别。然而，在 Facebook 也推出自己的 Facebook Live 直播功能之后，Meerkat 只能面临重复的结果——再一次遭到社交巨头的封杀。

Meerkat 的迅速崛起和下滑，印证了互联网商业环境的瞬息万变。笔者总结了一下 Meerkat 的败因，主要有两个：首先当然是缺失可以依赖的社区流量，一旦 Twitter 和 Facebook 流量供给断线，失去了造血能力，用户会很快流失到其他产品中。其次，Meerkat 遇到的问题和如今国内移动直播平台的问题一样，UGC 和 PGC 的内容制作没有得到很好的延续，缺乏优质内容让用户留存。

## 扎克伯格为之站台的 Facebook Live

在 2015 年夏天，Facebook 推出了对名人开放的视频直播应用 Mention，这是一档 PGC 模式视频。2016 年 1 月，Facebook 正式将视频直播功能开放给所有用户，推出了有 Facebook Live 直播功能的 iOS 应用。到了 2016 年 4 月 Facebook 的开发者大会上，扎克伯格开始为直播站台，多次强调其直播平台的战略重要性，并对外公布了 Facebook 直播功能的应用开发接口 API，这意味着更多的第三方视频制作企业能够直接进驻 Facebook Live。Facebook Live 从此被真正重视，使其在 Facebook 应用中处于显要的位置，并陆续开发了许多重磅级的直播内容，如 F8 开发者大会、美国总统奥巴马采访、连线宇航员，等等。体育新闻领域，Facebook 与 NBC 电视台连续三届奥运会达成独家视频合作，提供包括里约奥运会在内的相关直播和短视频内容。

与国内移动端的 APP 不同之处在于，Facebook Live 更倾向于 PGC 模式。直播时，只有关注用户和好友才可以进行观看，观众可以进行弹幕评论和点赞，视频结束后也可以发视频录像。因此，Facebook Live 吸引了众多新闻媒体和名人参与直播，如 BBC 及 BuzzFeed 等知名媒体。

来自 BBC 的案例正是如此。自 Facebook Live 开通以来，BBC 就一直在尝试为其打造相关的新闻内容，项目负责人是罗斯·阿特金斯（Ros Atkins），他是 BBC 的资深员工——BBC Outside Source 的主持人。他最初尝试在 BBC World News 进行直播报道是 2015 年 11 月俄罗斯战斗机在土耳其被击落的新闻。这一报道在 Facebook Live 上的点击量超过了 25 万次。然后他陆续报道了德国地方性选举、2016 年 6 月 23 日的欧盟全民公投，以及 2016 年 6 月 10 日至 7 月 10 日在法国巴黎的欧洲杯赛事。这些大事件的跟进直播，让 BBS 每次都获得巨大的观众流量。

根据美国数字媒体网站 Digiday 对罗斯·阿特金斯和 BBC 的新闻社交媒体编辑马克·弗兰克尔（Mark Frankel）的采访，他们分享了过去 6 个月使用 Facebook Live 进行试验的经验，同时也分享了关于未来发展的计划——让观众成为主导。

虽然在电视和广播节目领域，像阿特金斯这样的 BBC 节目主持人经验丰富，但在 Facebook Live 上呈现内容却是一个全新的挑战。阿特金斯强调将 Facebook Live 当成电视的复制品是大错特错的。"Facebook Live 是一个独特的媒介"，他说"有一段时间，数字新闻仅仅被认为是支持电视和广播的形式，这样的时代已经不复存在。"

迄今为止，英国广播公司最大的挑战是采取一种自由的方式，并且不制订一个十分具体的编辑计划。"当你进入 Facebook Live 时，你无法建立一个详细的编辑计划。如果你这样做，你将会失去你的观众。""我的一个主要切入点是，我很感兴趣观众们的意见。也就是说，你所制作的内容和话题应当是观众们提出的话题。"

而这个模式也让其变现模式变得传统单一——插入广告和赞助。不过由于 Facebook Live 的新颖内容模式，反哺了 Facebook 这个大平台，并因此带来了更多的流量，2016 年第一季度 Facebook 强劲的广告收入缘由于此。

## Periscope 很好，老东家 Twitter 却很苦

Twitter 于 2015 年 3 月以接近 1 亿美金的价格，收购提供流媒体直播服务的 Periscope。4 月月初，Periscope 正式上线。Periscope 与依赖 Twitter 产生流量的 Meerkat 使用方法相同：用户通过自己的 Twitter 账户登录 Periscope，并可以将直播内容直接在 Twitter 上进行分享，Twitter 和 Periscope 的用户都可以观看直播。视频直播结束后，平台会自动生成一条回顾视频，且能保留 24 小时。直播过程中，观众可以选择留言或者

送"爱心"的方式进行交流。此外，Periscope 也注重保护用户的隐私，播主在进行直播时可以选择来观看的观众范围。

于是，Twitter 迅速屏蔽 Meerkat 导入观众的模式，全力辅助 Periscope。2015 年 12 月 10 日，苹果公司发布了 2015 年"APP Store 最佳应用"名单，Periscope 获得"iPhone 平台最佳应用"。

Periscope 对于 Twitter 的作用也类似于 Facebook Live 与 Facebook，缺点同样是盈利模式单一：与各类品牌厂商进行合作，通过收取营销和广告费用来盈利。其好处是反哺了平台，且其新颖内容能为之带来更多的流量。

Twitter 的首席运营官 Adam Bain 在公司 2016 年第一季度的电话会议上（这次电话会议也在 Periscope 上进行了直播）表示："通过为厂商在 Periscope 上定制目标群体的宣传活动，Periscope 已经为 Twitter 带来了收益。"他还特意提到了两家在 Periscope 进行品牌推广的公司：百事旗下的多力多滋在美国超级碗比赛期间在 Periscope 进行直播，科尔士百货公司也通过 Periscope 在奥斯卡颁奖典礼期间进行直播，两家公司都为 Twitter 支付了高额的营销费用。据悉，Adobe、美国大型商场 Target、雀巢等大型品牌都在 Periscope 上通过直播进行品牌营销。

不过进入 2016 年之后，Twitter 的处境逐渐变得十分艰难：一心想卖，却迟迟卖不出去。股价从 50 多美元一路下跌，最低甚至跌穿 15 美元。

有人问，自从 CEO 杰克·多西重新掌舵以来，Twitter 发生了什么，让其变得没那么有趣了？有人认为，这一切源自于 Twitter 的自我定位，苹果 APP Store 曾将 Twitter 归类为社交应用，这意味着它在下载榜上是位于 Facebook、Facebook Messenger、WhatsApp 之后的。后来 Twitter 将自己定义为新闻应用，然后便在新闻应用下载榜上排名首位。的确，Twitter 更像是"一场直播式的新闻对话"，例如，2016 年美国大选期间，特朗普每次在 Twitter 上发表的消息都会引发民众热议。

但频繁的改动不但让 Twitter 的乐趣逐渐消失，甚至出现了一些骚扰的个案。视频游戏开发者布里安娜·吴（Brianna Wu）曾在 Twitter 上批评 Gamergate 运动，结果她遭受了大量恶毒语言的骚扰，不乏强暴和死亡的威胁，甚至还有人扒出了她所在的街道地址并全部发了出来。

安娜·吴曾说："你可能不会相信，现在我和丈夫已经离开了家，都不敢住在自己家里。"尽管她想为希拉里投票，但是却不能且也不敢这么做。直到现在，这些恐吓对她所造成的心理阴影依旧存在。

多西 2016 年曾发布了一封对员工的公开信以鼓舞士气："人生苦短，因此每天都异常关键……我们可以坚持下去，我们可以做到！"然而，在他重返 Twitter 的一年里，情形并没有好转，多个 Twitter 的潜在买家也表示无意收购。对于迅速崛起的 Periscope 来说，老东家的困境或许才是最大的麻烦。

## 谷歌 YouTube 移动直播服务

在社交方面屡败屡战的谷歌自然也要在直播上有一番动作。谷歌早在 2011 年便在 YouTube 上推出了直播功能 YouTube Live，在 2011 年 6 月份 YouTube 又宣布将直播功能加入到手机应用上，自此用户在 YouTube 的应用上就可一键开启直播。

此前，YouTube 还曾单独发布了一款手机应用 YouTube Connect，用户也可在该应用上进行直播。

作为全球最大的视频网站，YouTube 的主要营收来源就是广告收入，在直播上目前也还没有其他新的玩法。不过和前两者都不太一样，由于 YouTube 本身就已经聚集了一群好的原创视频创造者，因此，在这个平台上的直播内容质量也会更精良，吸引的粉丝会更多。对于好的直播视频提供者，YouTube 也开通了观众打赏、按次付费等功能，并会与其进行广告收入分成。

2016 年 8 月，据英国《金融时报》报道，YouTube 产品负责人 Neal Mohan 称，过去一年间，YouTube 直播的观看人数激增 80%。直播视频的上传也增加了 30%；2016 年 5 月直播的欧冠杯决赛有 220 万人观看，是英国规模最大的一次直播。直播为 YouTube 带来的收益目前仍为广告收入，YouTube 的广告收入一年内上升了 30%。

## 亚马逊旗下的游戏直播网站 Twitch

Twitch 公司的联合创始人是硅谷有名的互联网创业家和投资人贾斯汀·坎（Justin Kan）。Kan 是华裔美国人，2005 年毕业于耶鲁大学，获得了物理和哲学双学士学位。2007 年，Kan 创立了 Justin TV，创立之初他只是把镜头挂在背包上，装上电池和 MODEM，简陋的素人直播方式吸引了无数好奇者，这几乎就是在线直播的发明者。Justin TV 在随后几年发展迅速，成为最著名的视频网站之一，其内容类别包括社交、科技、体育、娱乐、新闻、游戏，等等。由于游戏视频的迅速崛起，Kan 决定将游戏版块独立出去，2011 年 6 月 6 日推出了 Twitch.TV。

Twitch 起初的定位，就是打造一个电子竞技视频平台，成为"游戏界的 ESPN"。在 Twitch 平台中，游戏玩家可以随时看到其他直播玩家的游戏比赛及相关视频，这让 Twitch 成为最受游戏玩家欢迎的平台。Twitch 几乎涵盖了市面上所有游戏，其中包括时下非常热门的"英雄联盟""Dota2""守望先锋""星际争霸""虫族之心""魔兽争霸""我的世界（Minecraft）""坦克世界"及"暗黑破坏神3"等。

公开数据显示，截至2015年年初，Twitch全球月均访问量高达1亿人，平均每月在线主播达到150万人，每月直播视频数量达1100万，累计观看时间160亿分钟，在巅峰期同时观看游戏直播的人数突破了100万，每个访问用户在网站的日平均停留时间为1.5小时。网站支持28个国家和地区的语言，包括中文简体和繁体。

Twitch的盈利模式主要有三种：第一种是会员制，用户购买每年89.99美元，或每月8.99美元的"Turbo"；第二种是单个主播订阅费；第三种是广告收益。

尽管Google曾表达收购Twitch的意图，但最终没能达成协议，最终成功收购Twitch的是亚马逊。2014年8月，亚马逊正式宣布以约9.7亿美元的现金收购Twitch。这也是亚马逊有史以来最大的一笔收购。成立于2011年的Twitch已成为继Netflix、Google、苹果之后，第四大网络流量来源，10亿美元对于亚马逊来说显然是个非常划算的生意。

## 韩国的美女经济：Afreeca TV

Afreeca TV 是韩国近年来快速崛起的视频直播网站，在韩国的 5000 万人口中居然有超过 330 万网络主播，在 Afreeca TV 上有大约 5000 个直播节目。Afreeca TV 上的主播有不少来自娱乐圈的练习生，这些美女练习生转向网络直播平台之后，网络主播已经成为韩国的新兴职业，目前顶级人气主播年收入过百万元。Afreeca TV 除了韩国站，还有日本站等。

Afreeca TV 在直播模式上，更注重主播本身，平台提供给主播展示空间及充分的支持，而主播则通过才艺表演收获大量人气。

Afreeca TV 的表现模式主要来自虚拟道具、贴片广告和会员订阅三种。总的来说，Afreeca TV 的优势还是众多美女主播凭借颜值和才艺表演拉动粉丝经济。

## 结束语

通过以上几个直播平台的案例分析，大致可以得出以下几个结论。

第一，继游戏直播网站之后，依靠智能手机和社交媒体的视频直播应用已成为市场新的追逐热点。

第二，美国直播行业的特征非常鲜明，主要通过社交平台、搜索平台、电商平台引流，直播平台负责内容制作。两者缺一不可。如果没有强大的社交平台的支持，出路就只有两个，要么被收编，要么牺牲。2015年很火的Meerkat直播平台最终成为沙滩上的前浪，就是很好的案例。

事实上，无论是Twitter和Facebook，还是谷歌，它们通过互联网上半场的人口红利获得了难以动摇的巨头格局。但同样，它们也担心自己的地位被硅谷天才们随时出现的新创意所颠覆，因此，大肆收购、建筑生态壁垒是最好的方式。

比如，Twitter 先后收购了 Vine 和 Periscope，亚马逊收购 Twitch，Facebook 先后收购了 Instagram、WhatsApp 和 Oculus。

与国内的 BAT 在直播领域的大肆收购意图大致相同，这说明互联网本质上就是一场浩大的"圈地运动"：BAT 在过去 15 年的互联网上半场搭建好基础设施，然后在下半场开始疯狂地抢占围绕社交、消费、金融为核心的每个流量入口。

## 2 直播的强监管时代

2013年——文化部《网络文化经营单位内容自审管理办法》

2014年——"扫黄打非"工作小组开展"净网行动"

2015年——北京网络文化协会《网络文化行业发展与自律北京共识》

2016年——文化部公布查处直播平台名单；北京市文化执法总队公布违规主播名单；网信办发布《移动互联网应用程序信息服务管理规定》

2016年7月，文化部出台了《文化部关于加强网络表演管理工作的通知》（以下简称《通知》），宣布将在全国范围内排查网络直播企业，并且将公布首批网络直播黑名单。

《通知》首次明确了网络直播表演者为直接责任人，今后网络直播将实行随机抽查，表演者一旦上"黑名单"将被全国禁演。

这或许标志着直播从此开始进入"强监管"时代，网络直播的灰色和擦边球风口很有可能被快速封闭。在这种情况下，非常有必要重新审视一下目前最热的直播行业处在何种内在需求与外在压力之下。

直播行业鱼龙百态，究竟谁才能杀出常态化利益风口。这或许是一个要分成几个逻辑环节来看的问题。

### 直播行业变量太多，隐忧很大

2016年被誉为"中国网络直播元年"，一个全民直播的时代。作为网络世界的新宠,网络直播正逐渐成为"90后""00后"的主要娱乐工具。大部分年轻人都表示自己曾观看过直播,也有越来越多的人加入主播行列。

最新数据显示,2015年中国视频直播平台接近200家,网络直播平台用户已达两亿,同时进行直播的房间超过3000个。各种投资人、创业者也嗅到了其中的商机,纷纷加入这场直播混战中,意欲分羹而食。

据不完全统计,目前盯上移动直播这门生意的平台已经超过80家,其中包括映客、花椒等独立直播平台,依托微博社交资源的一直播,以及YY、腾讯、乐视、小米等大玩家,在游戏、财经、体育等细分领域,也涌现出一批垂直直播平台。

由于越来越多的直播平台不断涌现,新老直播平台都在寻求突破的方式。现在基本上以明星效应和"网红"效应为主。以不久前杀出的黑马"一直播"为例,通过大量明星用户来宣传,更不惜代价请来了宋仲基、贾乃亮等大咖常坐镇。这种方式也逐渐形成各大平台竞争的手段之一。一直播请宋仲基,映客就请BIGBANG,而前几日新平台UP还请了"蛇精男"刘梓晨这种网络红人来造势。这种明星效应的确可以为平台带来大量用户，但反之客户的流失量也比较大。

直播平台中，上市公司仅有天鸽互动、欢聚时代（YY），以及变相上市的六间房，由于大部分直播平台仍处于初创阶段，许多直播平台都在亏损，或者是靠融资在支撑，然而，这样的烧钱行为终究不可能持续。

与此同时，行业乱象丛生，如粉丝数量造假。很多平台大量刷粉，数据并无真实性，这是行业虚假繁荣的写照。

一些创业公司缺乏经验，盲目跟风进入市场。平台局限性凸显，例如，无法监管平台内容，致使品牌受损；盈利模式尚未完全建立，利益分配不均甚至无法兑现，主播流失。

在这种情况下，资本加速进场，导致烧钱战还在持续发酵。而移动化趋势加速来袭，各家事实上还都难以完全适应移动化直播趋势，给出完美的解决方案。审查的加速导致直播行业传统的灰色地带逐渐蒸发。直播行业处在加速洗牌期，到底如何超越时代，坐收趋势红利，恐怕目前还没有人敢说自己是十拿九稳的赢家。

如上所述，直播行业目前的问题是变量太多，隐忧很大，这是一片朦胧中的风口。

看过京剧《三岔口》的人都知道，其中比较出名的一段是"摸黑开打"，两个角色在一片黑暗、谁也看不见谁的情况下闪展腾挪、斗智斗勇。其实目前的直播行业正是如此。

虽然不见得是"摸黑开打"，但至少是"雾中开打"。

## 先行者占 PC 端，后来者主攻移动端

总体来看，直播行业目前可分为两股势力，一股是 YY、六间房、9158 等秀场时代进场的老牌直播平台；另一股是花椒、映客、一直播及更晚进场的直播平台。前者的优势是流量稳定、品牌能力持久，且多元化直播趋势已经明朗。而后者的优势在于新时代造就出了更加新奇的体验，以及各种新玩法的支撑和充足的资本投入。

前者可以称为重装甲直播，而后者可以称为重火力直播。

最近也有传言，说传统直播在移动化直播时代掉了链子，跟不上趋势。但在笔者看来，其实移动化直播到底是什么趋势大家还都没玩明白。另一方面，直播现在正处于资本快速进场期，YY、天鸽等上市公司跟一些烧钱企业的玩法也必然不同，这是任何一个资本风口创生期都会遇到的问题，并非掉链子与否的显现。

而一部分新直播平台仅依靠资本之力，定暗藏隐患——一旦资金链崩塌，定是釜底抽薪。不如传统直播平台那样一步一个脚印，经风历雨。重火力之下，冲得比较猛，业绩虽然较好，但缺乏中流砥柱。不可否认，重金之下依靠明星能够带来令人艳羡的人气，但明星并非常客，人走茶凉之后的凄惨，又与谁人道。

辛苦创业，因为资金链断裂而倒闭、合并和委身于 BAT 的故事，在"百团大战"、O2O 时就屡见不鲜，能做到上市的几乎没有。

如何判别直播行业到底谁的机会更大？主要看做重能力，也就是几大变量不管如何发展，其本身都能岿然不动，保持行业吸引力的能力。

直播不是一波流，谁在趋势上谁被趋势甩在后面是一件非常难说的事情。但拼到底拼的是品牌的长期稳定性、生态结构，以及对新趋势的适应度。直播本身就是个新事物，品牌和平台无所谓新老。真正能在直播里扎根，并占据未来，用一句话来概括其秘诀：**千磨万击还坚劲，任尔东西南北风。**

## 结束语

2016年4月，文化部下发了第25批违法违规互联网文化活动查处名单，多家网络直播平台因涉嫌提供含有宣扬淫秽、暴力、教唆犯罪、危害社会公德内容的互联网文化产品，被列入查处名单。

随着行业竞争日趋激烈，为了站稳脚跟，赚足银两，一些网络直播平台出奇招、抓眼球，铤而走险增加点击量，暴力、涉黄、猎奇等一系列直播内容频现，备受诟病。各方都在呼吁直播平台的内容监管必须投入更多的关注。

在这种趋势下，直播现在很大的一场仗就是自我去灰色化，以及去灰色之后的生存能力。

YY、9158、映客、花椒等直播已经率先实行了"实名制认证"的规定。这种先政府行为之前的自查和自律，是直播行业目前发展急需的品牌行为。

目前依旧有很多直播平台在享受灰色直播带来的大流量和高收入，没有看到真正的趋势已经迫在眉睫。

## 3 直播行业发展史：
## 秀场直播、游戏直播和移动直播

直播，不一定是 2016 年互联网圈子里最热的，但一定是最热闹的。

随着 2015 年天价主播的热炒，到 2016 年部分平台内容"过线"引发的大面积监管介入，再加上微博、淘宝、小米等巨头纷纷加入直播战场。真是有直播这样一个朋友，让你欢喜也让你忧。

直播目前是一个老牌子依旧飞速发展，新势力快速进场，花样玩法天天翻新，对撕宣战每时发生的大热局，没有深厚的互联网观察经验和快速反应能力，简直跟不上战场动态。

这一片刀光剑影枪炮齐鸣中，到底隐藏着什么玄虚？这个业界发烧、资本发疯、观众发懵的直播到底有怎样的过去和未来？

越是复杂的问题往往越能用高效简洁的方法论去分析，直播为什么这么火？用笔者的重创新理论来分析，直播火就火在它全面激发了视频这个基础工具的势能。

通过互联网赋予的链接能力，直播用最直接、最接地气的方式一步步进行了借势和自我赋能，最终积少成多地变成一个全国瞩目的巨大能量实体。回溯整个直播发展史，会发现三个最关键的节点。

## 边缘产品：PC 秀场直播

视频传播的进化历史有四个阶段，第一阶段是通过购买录像带、VCD、DVD 在影音播放机器中播放，或在电视或者投影上展示；第二阶段是计算机时代，影音文件到网络下载，或者将 VCD、DVD 在计算机光驱中播放，在计算机显示器中展示；第三阶段，随着网络的普及及网速逐渐提高，视频文件可以下载观看，也可以通过网络缓存在线观看，展示屏幕主要在计算机显示器中，短视频可以在手机中观看；如今，随着 4G 和 WiFi 的普及，在线观看将成为主流。

时间回到 2005 年，也就是视频传播的第三阶段，随着国内网速的逐渐提高，电信家庭宽带从 Kbps 级别向 Mbps 级别跨越，以及 P2P（Peer-to-peer networking）技术的成熟，视频传播条件开始成熟。这一年，视频提供和视频直播也开始萌芽并在随后几年高速发展。

六间房、土豆、优酷更多是参考国外的 YouTube 模式，以视频内容提供为主，而最早一批视频直播网站，其地位一直都很尴尬，更多甚至连名字都不被提及。究其缘由，网络直播的"秀场"模式，更多是打着"色情"擦边球而吸引观众的。简单来说，就是将线下的"夜总会"模式搬到线上，观众进入包厢付钱，然后有漂亮女生表演；或者观众为表演者购买虚拟礼物取悦表演者。"基因"决定了诸如9158这样的直播网站无法如优酷、土豆般高调。但"网络夜总会"的模式,让这些视频直播平台不愁流量来源,而打赏模式及轻会员的变现模式,一直在闷声发着大财。

当然,视频直播在这个阶段,用户体验还是比较差,网速不高,卡顿现象严重。这种美女经济的产业链比较单一,营收模式和技术支持也很简陋,并且有不少打政策"擦边球"的成分。但这种模式奠定了直播的基本模式,并且用最解决用户痛点的方式把直播的能量释放了出来,为以后的爆炸级发展定好了调。

## 告别灰色:游戏直播

2012年,通过游戏语音大获成功的YY开通了视频直播。这在美女主播依旧风行的时候,游戏电竞直播这个原本在网络视频和体育转播之间不尴不尬的存在突然杀了出来。电竞和直播的结合，可说是双向赋能的完美 CP。这一阶段 YY 和 KK 都在传统直播和游戏直播上双线发展，斗鱼、熊猫、战旗、虎牙四大金刚更是狂飙突进。至此，直播已经从单一的模式变成了相对成熟的多元产业，在 PC 端的秀场直播已经形成了"YY+9158+六间房"的稳定格局，以及以签约主播、虚拟物品打赏为主的成熟盈利体系。

这个阶段主要得益于国内游戏市场规模的快速扩张。竞技游戏、各种网游聚集超高人气，培养了第一代愿意为游戏买单的网络原住民。

## 互联网下半场开场哨：移动直播

2014 年，YY 将游戏直播业务单独剥离出来，成立了虎牙直播，随后斗鱼、熊猫、战旗、虎牙相继发力于移动直播领域。映客、花椒、易直播以 APP 的模式受到了众多"90 后""00 后"用户追捧，这一群用户，是伴随互联网兴起的"网络原住民",他们热爱"分享""社群化""二次元文化",也更愿意为网络的"内容"和"服务"买单。

如前文所述,伴随互联网土壤的进化,移动直播的条件已经成熟,国内的移动视频直播平台在这两年急速增加。移动直播的兴起,预示着又一个入口级行业的诞生。

直播的方式,也从个人秀场到素人秀场,越来越多的人可以参与其中,未来将被泛化至"全民直播"。由于视频直播不再限制于固定场景,泛娱乐领域"直播+"成为新的发展趋势。随着消费产业的热点从衣、食、住、行向文化娱乐消费领域转移,直播平台向更广泛的娱乐行业渗透,视频直播进入越来越多的细分行业。

## 结束语

目前我们所处的这个时间点,可能很多人还没意识到直播到底又变成什么了。其实,直播不是又变成什么,而是在多种势能都被激发后回归了工具属性的核心。目前直播有两大主流趋势：移动化和泛娱乐化，实质就是回归了技术解放和内容解放的工具性质。这方面做得比较好的还是YY，在泛娱乐上拥有比较深的积淀。而映客则成为了最大黑马，在移动互联的赛场上大举超车。除此之外，社交直播、明星直播、泛娱乐直播都开始加入战团，直播开始从产业变成一种生活方式。

2016年是VR技术突飞猛进的一年。在谷歌、微软、苹果等巨头不断发布新品，布局VR领域的同时，国内各厂商品牌也在加紧VR产品的投入。因此，穿越屏幕，与主播零距离互动，将是未来直播的发展趋势。

## 4 社交媒体+直播：用直播重构人群关系

鲶鱼效应说的是鲶鱼进了鱼缸，原本拥挤不动的鱼群开始被鲶鱼搅乱，纷纷展示出了求生本能。

这招在商业领域中是永恒的主题，大家耳熟能详的那些行业升级，其中绝大部分都是一两条鲶鱼进场导致的迫不得已。

商业和人一样，都是有惰性的，很多情况下企业和从业者都以为什么商业就该是那样，其实却离题万里。直到有个携带着"入口"的"终结者"突然从天而降，人们才惊觉原来商业本质是这样。

前两年苗阜、王声的相声正火的时候，他们有句台词让人印象特别深刻：你以为你以为的就是你以为的？

大多时候，人们都是凭经验和想象在对待互联网。例如，现在火得不能再火的直播。相信 5 年后的直播行业回头看今天时，很可能引发尴尬症。

直播行业的互联网本质到底是什么？直播最有可能以何种方式快速摆脱"低俗""伪色情"的社会偏见？

2016 年 5 月 13 日，笔者关注已久的直播产品"一直播"终于上线了。这也意味着微博这个社交媒体巨头杀入了直播圈。下面进行一次有根据的"狂想"，分析为什么"一直播"可以是一条鲶鱼，甚至是一颗炸弹。

## 桶里的鱼和海里的鱼

直播肯定是个大市场。

根据第三方数据统计，目前国内市场至少有 116 个运营中的直播平台，其中近三年成立的比重占 60%。而直播领域的创业团队则至少超过 200 个。在近一年里，腾讯、陌陌、小米、优酷等数十家行业大玩家高调进入直播领域，这应该是中国互联网历史上的一个奇观。

但与此相伴的，却是太多选手同时入场之后造成的赛道过分拥挤。

据统计，直播领域目前以传统主播模式为核心的泛娱乐平台超过一半，而游戏直播平台约占 20%，剩下的基本集中在购物、美妆等几个领域。

虽然直播是一个既有吸引力又占据发展趋势的行业，但相对单调的内容种类和日渐枯萎的流量源却让整个行业隐隐散发出饱和的危险味道。

这时，一直播进场了。一直播的第一个先天优势，在于它是由微博和一下科技联合推出的，直接镶嵌在微博客户端中的功能。

根据最新财报，微博的月活跃用户已经达到 2.61 亿。这样庞大的流量入口一旦开发，很可能在首尾两端对直播行业产生巨大的生态冲击。

一端是微博庞大的用户技术所能产生的使用群体和使用习惯，从秒拍的爆红中已经不难想象，一旦自成大生态的微博开始全面开放直播。微博现有的接收群体将会产生几何级的扩展。

另一端是对微博内容端的拓展，微博上的"网红"、达人，甚至全民参与的直播形态，将形成一个巨大的创意库，对直播内容种类和方式产生无法预估的升级。

微博加入直播战场，像是一个自带入口并且自带生态的超级战舰开了进来。把直播的生态接入微博的生态，原本挤在桶里的鱼也就变成了海里的鱼。鱼如何游，水如何流，都是令人充满遐想的故事。

## 从贾乃亮走马上任看明星效应

一直播发布当天，就宣布之前在秒拍、小咖秀上和一下科技有深入合作的贾乃亮走马上任首席创意官，这显然是在昭示一直播要打的依旧是明星战。贾乃亮刚刚走马上任，就宣布一直播冠名宋仲基中国粉丝见面会，基本已经宣布一直播要把明星+直播的战火烧到底。

直播的内容只是渠道，最终的核心还是人。从直播行业女主播的当红程度就可见一斑。一旦明星集体加入直播战团，开始普遍开展与粉丝的直播互动或者线上见面会，那种粉丝流量对固有直播业的冲击同样无法想象。

之前明星们不是不知道直播的优势，但一方面是技术限制，另一方面是平台积累跟不上，所以，只有少量明星偶然尝试移动直播互动的形式。

当微博加载了直播之后，拥有数千万粉丝的明星，无须粉丝安装新的应用，就可以直接在微博中以直播形式与其粉丝进行互动。这种机会为明星和粉丝提供了双向便利，也为明星和平台提供了双赢。

根据一直播公布的试运营数据，2016 年 5 月 8 日仅蒋欣一场 30 分钟的直播，就吸引了 817.3 万粉丝观看，最高同时在线人数达 114.9 万人，点赞 3332.4 万次。明星直播的势能可想而知。

试运营阶段，一直播就已经邀请了黄晓明、周迅、应采儿等近百位明星入驻开播。不出所料，接下来的直播必然是明星争夺战的时代。接下来这个明星直播大潮的开端，很可能就从一直播的这次"开炸"中掀起。

## 未来拼场景：直播生态战刚开场

一直播指示的最大未来，在于开启泛在化直播场景的契机。

想要明白这一点，下面做一个测试。你先问问自己，什么时候会打开直播平台？夜深人静无聊的时候？相信有的人答案甚至是从来不打开。但是你什么时候打开微博客户端？相信大多数人的答案是有空就打开。

这就是一直播的"最强场景"。微博对大多数用户来说，已经成为了一种随时随地刷一遍，以此保持跟世界联系的方式。在这个场景的激发下，未来一直播有可能成为一种随时打开看，随时打开播的"习惯"型应用。

"微博"一直都说，自己做直播最大的优势在于直播那些"正在发生的事"，这句话背后可有大文章。在用户养成了随时随地看看直播，甚至通过直播这个技术手段链接世界之后，直播业就形成了彻底的质变。直播不再是一种表演，而是成为一种人生必需品。

在这个基础上，基于直播产生的生态系统会慢慢生成。直播金融、直播购物、直播社交，甚至基于直播市场形成的长尾需求解决方案，都将成为可能。

一直播与其他众多平台的区别，在于它拥有开放的用户习惯入口，这也正是直播未来的入口。

入口制造创新，入口改变一切。笔者对一直播的持续关注，就是基于对入口力量的坚信。

## 结束语

微博的流量入口之下，诞生了一直播，而腾讯 QQ 也在犹抱琵琶半遮面地嵌入了 NOW 直播，未来微信端是否也会加入直播功能？社交媒体作为最大的流量入口级产品，与直播的结合，仿佛也成为不可逆转的趋势。

可以预见，现在的直播行业，是大家都知道路口后面存在蓝海，却都被堵在了路口前不得破门而入。总要有个终结者过来开门，但随之而来的必然是残酷的洗牌和行业重组。

## 5　VR+直播：人类从此无界

科幻一直是人类通往未来的一号大桥。

从《黑客帝国》到《安德的游戏》，科幻文化一直在提醒这样一种未来。即人类可以把感知完全架空在虚拟现实里，从而获得身体和精神相驱离的生存体验。

这种生活听起来很恐怖，但其实也是人类发展不可避免的一个阶段。用虚拟现实来打破现实空间的界限和狭隘，必然是人类下一阶段的原命题之一。

但是目前的 VR，其实从创生之日起就是为娱乐服务的，主要目的是为用户提供新奇的娱乐体验。

然而，VR 作为一种纯粹的感知技术，其实可以带给人类很多高于娱乐的生活、社会、传播级别应用价值。2016 年 6 月一家中国 VR 企业低调地在日本召开了发布会，给了笔者很多感触。让人们看到了更多 VR 技术融入生活的可能性。

下面就从 IDEALENS 的这次发布会说起，介绍一下 VR 进入生活的宏伟未来。

## 他们做出了地球上第一款量产 VR 一体机：IDEALENS 日本发布会解读

说起 IDEALENS 有的人可能还不知道，但是这家专注 VR 技术领域，平时有些低调的公司，却做出了地球上第一款量产 VR 一体机。

2015年推出全球第一款量产VR一体机的IDEALENS，具有16年以上的VR研究经验，在可穿戴计算、计算机视觉、人工智能等领域都具备深度的技术实力积累。到目前为止，IDEALENS共申请专利155项，已授权专利64项，可见其在技术研发上的深度优势。

IDEALENS目前专注于VR领域，尤其在技术整合能力、产品量产能力和团队人才实力上具有深度优势。

IDEALENS此次日本发布会，重点推出的是IDEALENS K2二代一体机。

众所周知，VR移动一体机在这个产业的发展趋势上具有举足轻重的地位。相对于手机壳、PC主机头显，移动一体机代表着VR未来的发展方向。如同智能手机代替有线电话一样，一体机将在硬件上解决众多VR目前的主要问题。

移动一体机是必然方向，但很多VR一体机厂商却在盲目追求轻便移动和硬件性能中陷入了极端化的困境。而IDEALENS K2最大的亮点之一就是在轻便和性能上达到了相对完美的平衡。众所周知，将运算处理显示灯集成在狭小空间内难度很大。但这次发布的 IDEALENS K2 的重量却只有 295g。而其 120° 的广角 fov，2k 高清屏幕，据悉可以参评红点奖的工业设计都超乎了想象，让人非常惊艳。

IDEALENS 给人的感觉有点像曾经的华为，默默无闻却追求极致技术，最终厚积薄发。

IDEALENS 的专利储备非常惊人，在未来的市场竞争中将很有可能通过技术筑造行业壁垒，而那时或许才是 IDEALENS 爆发的时刻。

## 从体验升级到质变：VR 正在悄然涅槃

除了出色的产品外，对于未来趋势的挖掘是这些互联网观察者更加注意的地方。

这次 IDEALENS 的日本发布会上设计了 5 个独特的 VR 体验区，引起了笔者的强烈关注。

这5个体验区包括2个动感单车、1个物理实验、1个理想实验室及1个影音体验区。骑在单车上，通过VR眼前的环境是美丽的巴黎和无数与你一起竞速的车手。

这些体验的共同点在于，它们各自展现了一种VR技术投入实际生活，投入行业应用的真实范例。

目前VR的应用度还不强。但业内其实已经达成了广泛共识，即VR应该完成从娱乐手段到应用平台的进化，也就是说VR应该变得更"有用"。

如今VR看房、VR旅游都悄然兴起，这都是VR融入生活的入口。从这次发布会来看，IDEALENS在VR进入生活的技术布局里显得更超前，例如，结合位置追踪、定位系统和体感，可以创造身临其境的参与感，这些用在飞行员培训、远程多人虚拟互动社交中都具有非常实际的应用价值。

VR正在多个领域积极切入人们的现实生活。

IDEALENS等科技力量正在令VR从娱乐手段成为真正的应用型平台，这一升级是以体验叠加为基础的，最终将达到质变的效果。浴火重生的VR，接下来很有可能开启全面入驻生活的新时代。

据说，IDEALENS 正在试图真实复现钢铁侠的战袍。怎么样？够劲爆吧！

## 从 VR 连通信息：人来感知的奇点到来

在这次发布会上，另一个让笔者十分动容的地方在于，IDEALENS 在日本的发布会进行了全球 VR 的同步直播。通过 IDEALENS 提供的 VR 摄像机、瞬间缝合的算法、超广角视觉技术支撑，中国几个地区的记者实现了"身未到，人已到"的发布会体验，这也是全球第一次 VR 跨境直播。

这里面蕴含着非常深刻的变革火种，要知道人类从古至今，都是通过"后信息""后影像"来感知新闻事实的。而 VR 直播等技术的快速兴起，很有可能改变接下来人类感知世界的方式，甚至颠覆媒介的定义。

未来在获取新闻、了解资讯的时候，可能再也不需要通过文字转述、画面转述等二手信息过滤方式，而是直接通过 VR 直播全景接入正在发生的新闻源头，达到人类史上第一次完全一手感知信息。

媒介的变化都会对人类文明产生颠覆性影响。纸张、印刷术、摄影、摄像，都将人类推入了完全不同的另一个次元里。而 VR 直播作为一种全新的媒介形式，会对人类的未来产生多大的影响，恐怕需要很厚的一部历史才能写完。

VR 作为一种信息连通方式，可能代表着人类感知即将达到奇点。空间和时间在人类的概念里将完全发生改变。这听起来很科幻，但今天一个小小的发布会技术，指向却如此清晰，丝毫不可动摇。

VR 是人类感知的奇点，这背后的应用价值和市场空间是巨大的，而 IDEALENS 显然正走在市场的前列。

## 社交直播+VR，Facebook 的重头戏

2016 年 10 月 7 日，Oculus Connect 大会上，Facebook 的一系列 VR 大计划公布，同时 Facebook CEO 扎克伯格在演讲中讲到两个事情：第一，VR 将成为下一个计算平台；第二，VR 将完全颠覆现有网络社交模式。扎克伯格的结论是，VR 社交就是未来。

扎克伯格演讲的重点，除了阐述 VR 对社交模式的改变、技术、市场的发展趋势外，最令人兴奋的是他展示了几个 VR 场景，让观众对直播+VR 产生无限遐想。

实际演示中，扎克伯格带上 Oculus Rift 头盔和 Oculus Touch 手柄后，进入到一个虚拟 VR 社交场景里：场景中的任务都以卡通形象出现，并通过传感器里的手部动作及脸部表情与现实同步；场景切换很简单，抓取系统中的场景画面，就能跳转；多人场景互动，扎克伯格演示了几个人玩扑克

牌的游戏场景；新的手柄操作更方便，比如在 VR 中画一把简陋的剑进行 PK；VR 视频通话，扎克伯格演示了跟家里的中国老婆通话并自拍合影。

经过这 8 分钟的演示，Facebook 更希望给用户展示 VR 未来的应用场景，更多的是沉浸式的人与人之间的交流。这其实就是未来直播+VR 的雏形：更真实的人物、场景和空间随意切换，更自然的动作和交互，亲身体验社交功能。

扎克伯格说基于现有的硬件基础，下一阶段需要的是打造更好的软件体验。他认为现有的智能手机是围绕 APP 为中心的使用方式，而不是围绕人的直觉，VR 技术将改变这一切。虽然扎克伯格的社交帝国已经覆盖全球十几亿用户，但主要是通过 APP 的途径（Facebook、WhatsApp、Instagram 等）。因此，Facebook 宣布投资 2.5 亿美元用于投资 VR 内容领域，另外将投入 2.5 亿美元用于推动开发；还将投入 1000 万美元用于 VR 教育。

扎克伯格最后提到一点，现在 VR 设备主要是移动 VR（手机盒子）和连 PC 的 VR 设备，将来一定会有一个独立的品类，介于两者之间，兼顾价格、性能和编写，但他并没有说这就是目前国内不少创业公司正在做的所谓 VR 一体机；扎克伯格认为这一品类设备还在早期，内置定位（Inside-out Tracking）技术将是突破这个品类的关键点。

最后扎克伯格还强调，"在未来 20 年，VR 将成为下一个主流的计算平台"。

扎克伯格说，我们在这里是为了将 VR 打造成为"下一个计算平台"。我们希望硬件更轻、更小；同时能实现 VR 和 AR，能够实现眼球追踪和手势追踪，我们正在实现。而这个过程需要通过一个跨度极大的增长曲线图，扎克伯格说要用 10~15 年的时间，达到 10 亿 VR 用户。目前，通过 Gear VR 这个三星和 Oculus 合作的产品已经每月有百万活跃用户使用 VR。

## 结束语

IDEALENS 的新品直播，以及 Facebook 的 VR 布局，让人们看到技术正在打开新的感知维度，在那个维度，人类将用全新的方式感知万物，感知彼此。所以，笔者特别喜欢参加科技产品的发布会，那种感觉如饮甘霖。

# 6 电商+直播：购物体验至上

俗话说单刀看手，双刀看走。

意思是单刀拼的是手法招数，双刀看的却是身法、步法的全方位组合。这话虽然说的是武术，但用来形容互联网行业的组合拳也挺有道理。

互联网行业，每时每刻都存在着风口，用风口趋势赚钱是互联网最显著的特征。于是就经常有人考虑把两个风口结合到一起岂不是更有效果？

但是这件事需要辩证地看,就像开篇说的,双刀流需要协调和技巧。强行嫁接往往造成一个不伦不类,甚至逼着人犯尴尬症。而有的风口结合确实能呈现"1+1>2"的效果。

如今,电商和直播都是行业内最大的风口之一,它们相加所能得到的东西就是符合商业逻辑和互联网价值的高度契合玩法,其价值远远大于营销和噱头。

## 直播成为天猫"双11"主题之一

作为2016年天猫"双11"整个过程的见证者,笔者在惊叹阿里巴巴打造的天猫"双11"保持了强劲的增长势头,同时感觉"双11"期间无处不在的直播元素。

直播平台需要流量变现,电商需要更多的流量,因此,"双11"拥有足够的商品素材给到各个直播平台,因此,直播平台的"网红"、电商的商品、观众产生消费,这三者产生了必然的联系。

阿里巴巴早早开始了社交媒体、视频和直播平台的布局。2013年5月阿里巴巴投资微博，2014年阿里巴巴投资优酷、土豆之后又将其全资收购，而优酷、土豆拥有来疯直播平台，2015年开始，阿里巴巴又与湖南卫视合作巨资投入天猫"双11"晚会。可以看出，随着阿里巴巴版图的不断延伸，更多媒体被引入，直播平台自然成为一个重要渠道。

本次的"双11"活动中，直播都参与了哪些活动环节呢？

第一，"网红"全程参与天猫晚会。2016年阿里巴巴与浙江卫视合作"双11"晚会，阿里巴巴邀请了众多"网红"参与其中。天猫号称花费了1000万元在映客做了数十场活动。天猫晚会上的明星在后台与许多"网红"达人互动游戏并通过网络直播，通过点赞等互动发红包，来自美拍的代表达人 HoneyCC 与大张伟互动就取得了很好的效果，美拍官方关于天猫"双11"晚会"揭秘版直播"观看人数超过13万。

第二，位于深圳龙岗的"双11"媒体中心，超过500家媒体参与24小时活动即时报道，其中也包括直播平台的身影，有的人 24 小时不间断直播，还有的在关键时刻进行直播。美拍、映客等平台还以平台身份参与到直播之中。美拍通过达人"网不红萌叔 Joey"和 10 名原创视频达人以手持直播互动的方式揭秘天猫"双 11"后台和明星大咖，以小记者的身份，通过游戏互动+综艺节目+后台探访的方式吸引用户注意力，为电商平台导流。就如其他厂商发布会一样，直播"网红"正在成为与传统媒体、网络媒体和自媒体一样重要的媒体形式。

第三，活动当天，直播成为重要的导购方式。在天猫 APP 上，""双 11"直播"拥有最中心的一级菜单，进入之后有大量"网红"直播、企业家直播和明星直播内容。事实上，过去半年天猫就已经很重视直播了，"双 11"期间直播"网红"更多，场次更多，互动更多，尤其是消费者喜欢的红包、优惠券等方式都在直播中得到了很好的利用，体现出直播在大型促销期活动中的优势。除了天猫本身重视直播之外，第三方直播平台也有不少与"双 11"有关的内容，包括商家自制的内容、商家赞助的内容，直播成为天猫"双 11"的重要导流工具。

事实上，"双 11"作为阿里巴巴制造的电商狂欢盛宴，同时也是京东、唯品会、苏宁这几家电商参与的电商大乱斗。

因此，其他电商平台同样采用了大量的直播模式。一些平台甚至大量减少传统媒体广告，将预算重心转移到直播。可见直播正在成为电商平台的标配，越来越多的商家开始通过直播进行"卖家秀"，将传统商场的叫卖和导购功能搬到电商平台上，提供信息展示、售前咨询和团购促销。此类营销模式在"双 11"这种主战场得到了很好的体现，也将推动直播成为电商行业的标配工具。

在马云不断暗示"电商"将消亡，线上线下结合的新零售取而代之的时候，直播平台中的"网红"用更接地气的模式，为电商带来了新的营销、导购等诸多服务，而直播平台通过电商的反哺获得了更多的变现方式。

## 如今必须玩出界：直播采樱桃背后的营销逻辑

2016 年 6 月 14 日晚，天天果园 CEO 王伟在友加上直播 Ruby 在美国樱桃园采摘樱桃的过程。CEO 亲自上镜当主播，可是够拼的。

据说，天天果园这次大费周章直播采摘的 Ruby 樱桃是本来就很难栽种的樱桃中最珍贵的品类之一。目前，Ruby 樱桃全球只产于美国北喀斯开山脉东部的奇兰湖畔，由于品种稀有且产量稀少，就连美国当地居民也很难买到，其种植家族对出口始终保持谨慎。

号称"水果猎人"的天天果园利用长时间建立的信任，与 Ruby 樱桃种植家族签订了全国独家销售权，包揽下 10 万千克 Ruby 樱桃，独家提供中国消费者。

而 Ruby 樱桃由果农在清晨采摘后，必须迅速进行纯手工挑拣，确保每颗樱桃完好无损后，经专门的运输渠道发往国内。从采摘到入库，最多只需 36 小时即可运达。

天天果园由 CEO 亲自上阵直播采摘过程，一方面是让消费者亲眼目睹这种神奇水果采摘的艰辛和珍贵，另一方面也是通过如今最流行的直播玩法，来契合最新的营销趋势，利用互动感十足，充满娱乐化和猎奇化的方式来贴近年轻消费者，打了一次漂亮的热门营销战。

天天果园其实是国内的老牌生鲜电商之一，刚刚过完 7 周岁生日，其长期积累下的大量用户口碑和黏度，以及服务水准和产品质量在业内都属上乘。

这次用直播采摘的方式来进行互动营销，也是天天果园通过新玩法、新思路让年轻用户产生亲近感，熟悉品牌内涵，背后有着相当深远的年轻化考量。

这次看起来简单的直播采摘樱桃的背后，可是蕴含着深刻营销美学的。

## 生鲜电商的最强肌肉：生鲜+直播的价值链契合

其实这也不是第一次有 CEO 亲自上阵玩直播了，雷军、罗永浩等人此前都已经完成了自己的直播首秀。但是笔者却对天天果园王伟的这次玩法极感兴趣。因为直播是生鲜电商最天然也是最需要的盟友，二者背后，是深刻的价值链契合。

要知道，生鲜电商这个模式，最大的市场依赖度是"鲜"。为此，各家生鲜电商平台都将物流速度和服务质量作为血拼的主要战场。

这当然是正确的，但是大家好像都还没意识到，"鲜"一方面是存放时间问题，这个问题可以用物流速度来解决和提升体验。但另一方面却是产品本身的质量和鲜美。

假如消费者在电商买的生鲜商品，尤其是进口生鲜商品，在原产地采购的时候质量和新鲜程度就存疑，那岂不是一切都白搭？而事实上，行业内很多号称境外直采的平台，其实秉承的都是境外集散地直采，而非境外生产地直接采购。在这种情况下，如何让消费者知道你的货品与众不同，从源头上确保生鲜品类的"最鲜"，其实是行业内普遍存在的痛点。

提高供应链的能力，是接下来电商市场最大的竞争方向之一，而用直播直接展示源头采摘，是最直观、最让消费者放心的玩法。

因此，直播作为一种技术，其实就已经是生鲜电商所急需的价值链补充因素了。而目前直播这么火，势能如此之大，更是给了生鲜电商如虎添翼的新机会。

生鲜电商，最根本的就是货源保真保鲜，天天果园直播采摘樱桃，实质是通过新技术的应用，让生鲜电商回归到其商业本质。用新颖新潮的方式，展现了生鲜电商最应该展现的"肌肉"——供应链。

## 大时代的开端：直播必然是电商的规矩

直播+电商，其实是两个趋势结合的产物。

第一个是直播的趋势，其实在国外的社交平台上，直播已经进入了完全泛在化时代，衣食住行无不可以直播。而国内的直播还基本停留在秀场的初级形式，但直播进一步升级，应用在生活、社会的全领域是一个必然。

第二个是电商平台的体验升级趋势。电商平台的传统模块其实已经发展到了一个瓶颈，而进一步在各种维度提升用户体验，找到新的价值开掘口是目前的重要趋势。通过直播，可以让消费者看到商品从生产到包装再到物流的全过程，可以增强消费者对产品质量的直观感受和心理认同。

在两大趋势的结合下，直播和电商碰撞出"爱的火花"基本上是一件无可避免的事。

未来消费者必然希望更加真实地把控所购买产品从源头一直到拿在手中的全过程，而直播技术目前来看是满足这一需求的最理想手段。

接下来，电商+直播必然造就一个技术应用的大时代，甚至电商全面进入直播化也是非常有可能的，每次出现大风口的时候，最先入场的总是最后的胜利者。天天果园直播原产地采摘，事实上是走了一步"先棋"，成为了电商直播化的进场先锋。

用直播保证产品质量，是在给电商平台"立规矩"，而直播也会因此变成电商的规矩，甚至变成未来电商形态的入口。

## 结束语

互联网产业，是真正的"百花齐放"。这个圈子里，只有你想不到的，但绝没有别人想不到的。想要在这种高压下生存，就要主动出击，认清趋势，快速出手。别说"双刀流"，未来"三刀流""无刀流"肯定都会上场。

这个大时代里，你准备好你的"刀"了吗？

# 7 语音+直播：
## 不必露脸的才艺表演

这是 2016 年 9 月 6 日下午红豆 Live 进行内测时，新浪微博 CEO 王高飞亲自站台并进行的爆料。整个直播过程虽然没有看到他的"庐山真面目"，但粉丝们还是听到了不少猛料。

语音直播，对于每位不想露脸，但又想与粉丝保持互动且提供有价值内容的"垂直 V"来说，机会来了！

直播已然成为 2016 年风口上的移动互联网产品。无论 BAT 还是微博，它们姿态各异，但目的一致——都想在直播的巨大流量入口中分一杯羹。很多人预测，直播平台很快会成为下一个视频网站，乱战之后，巨头收割，小玩家出局。如果现在还有创业者进来，几乎意味着必死。

然而，微博却再次押宝语音直播，由 CEO 王高飞亲自站台的红豆 Live 杀入"战场"。这款产品的开发者是由微博控股的有信网络，其 CEO 刘子正在专访中告诉笔者，红豆 Live 是一款比秀场及游戏竞技内容占据主导地位的视频直播更加有趣、内容含金量更高的直播新产品。但角度不一样，它的切入点是"语音直播"。

笔者试图根据他的描述去猜测这款产品可能呈现的样子：语音聊天室？电台 FM？知乎 Live？但又觉得都不是，不像语音聊天室只是消磨无聊时间，不像电台 FM 只能播放提前录制好的内容，也不像知乎 Live 仅能异步互动，"你想不起来有点像什么就对了，因为我们实现的就是一个全新的品类。"说这话的时候，刘子正显得非常自信。

这份自信并非毫无道理，它来自对产品的精雕细琢——

整个产品研发及内容运营团队的背景，均来自微博、腾讯、百度、华为、果壳等各自领域的翘楚，一个多月的高强度封闭开发及高密度的内容拓展。

的确，这是一种全新的品类，但也同样意味着，它究竟是机会还是终将随波逐流，没有人知道答案。

## 直播巨头在收割，红豆 Live 凭什么敢加入战局？

刘子正创业起点较高，百度商务搜索总监、百度核心商业体系创始工程师、微博副总及微博研发中心总经理，他的履历让人惊艳。

一个月的封闭研发，说干就干，丝毫没犹豫。有信是很有钱吗？

貌似这样，2015 年 10 月，新浪微博宣布以价值近 1 亿美元的"现金+资源"战略投资有信。这种合作很容易让人联想到，依托微博而走红的短视频应用"秒拍""小咖秀"和直播平台"一直播"。这背后却是微博对直播市场垂直化的趋势判断。

背靠新浪微博每日 1.2 亿用户活跃量,"秒拍"的日活跃用户是 4000 万。2016 年 5 月 13 日,一直播诞生,截至 5 月 18 日,5 天时间仅明星直播的微博播放量就超过 1 亿次。

几乎可以按照相同的逻辑,语音直播也必将凭借微博超高的流量、人气和明星资源走出属于自己的路径。

"微博上早期是以大 V 占据话语主导权,这两年渠道下沉,垂直领域的 KOL 日渐活跃,微博则随之取得了非常大的收益。那些一直在微博上活跃着的中小 V,很多就是专业领域的 KOL。他们创造的内容,需要一个更为合适的产品形态去承载。所以这是我们看到的非常大的机会。"

另一个不容忽视的事实是,即使唱衰微博的声音一直不绝于耳,却从来未能阻挡微博走上逆袭之路,反而变得更值钱。凭借"网红经济"、短视频及视频直播的春风,在近半年微博股价疯涨了数倍,市值已经超过 100 亿美元。

另一方面,数据显示在微博忠实用户和新增用户中女性和"90后""00后"群体占比较高，而在微博流失用户中男性高知群体比例则相对较高。红豆 Live 的出现若能产生更多有价值的内容，或许会扭转微博这一不平衡的局面。

历经数年韬光养晦、在沉默中积蓄实力，已经逐渐恢复如日中天时期气势的微博，毫无悬念地成为了有信背后强有力的支撑。

刘子正并不认为技术是做语音直播的难点，因为有信在技术方面的积累已经相当成熟。"实时宽带音视频处理与传输的核心技术对于有信来说已经非常成熟了，我们的技术甚至可以做到直接在电话上播放音乐，而且效果非常好。"

同样，技术能力也是他当初选择投资有信最看重的一个因素。2014 年年底，时任微博副总及研发中心总经理的刘子正敏锐地察觉到，随着 3G/4G 成熟、5G 发牌，属于用户高频、刚需的实时通信行业一定是互联网行业下一个千亿元级规模的大市场。作为微博投资（收购）方代表，且接触过很多语音通信行业公司的刘子正，之所以最终选择有信，用他的话说是"已建立竞争壁垒的用户规模"及"可进一步延展的技术实力"。

## 语音直播，一种没有摄像头的全新玩法

直播也好，短视频也罢，归根结底仍然是内容为王。刘子正想以此结合有信原本的优势做点事情，即通信＋内容。

真正的挑战来自用户本身，如何保证产品内容的调性，让其对用户产生价值和意义，是整个团队一直在思考的事情。

按照直播内容划分，目前市面上以游戏和秀场直播最为火爆。显而易见的是，秀场直播满足了人们的窥私欲，那些动辄用几十万金币刷礼物的行为也实现了无数的"土豪"梦，这种"征服美女主播"所带来的满足感，已成为数千万直播受众不可替代的一项娱乐。

不可否认，娱乐为王是这个时代一项重要的标签，但这与获取有价值的知识和信息之间并不存在必然冲突。在刘子正看来，这种获取同样应该被赋予乐趣，"我们强调价值，

但是不代表只是严肃的内容，我们希望知识与内容是有趣的，同时也值得观看回放，甚至进行二次分享与传播。"

没有摄像头的存在，就无所谓主播的颜值。这些人不一定是大 V，但一定是在某一领域内的专家，一波蛰伏已久、未被发掘却小有实力的人们。

这样，观众的注意力才会更多地集中在内容的本身，具备专门才能的达人会走出来，让语音直播变得更垂直、更有趣，类似于"红豆 Live"这样的语音直播平台则会更具备沉淀内容的能力。你可以听到趣谈互联网秘史，了解汽车维修、养护知识与技巧；也可以学美妆、看星座甚至解决个人情感问题。

在采访中，刘子正不止一次强调，红豆 Live 语音直播将是一种全新的玩法，"因为没有摄像头，所以它的整个玩法，包括核心商业模式，和视频直播都会彻底的不同。"

直播被认为是最好的流量变现渠道。作为映客和陌陌的投资人，郑刚曾对直播非常看好，"打赏简直是所有企业的终极梦想，收入即时到账，不需要商品转化。"

除打赏之外，在红豆 Live 的变现方式上，刘子正还找到了新的路径，"我们设计了一种可能变现的形态，用户如果希望自己的问题得到回答，就需要付费，让问题出现在位置比较现眼的地方，一旦主播选择回答，提问者的问题和头像会出现整个界面上。如果主播没有回答，系统则会直接退费。"

但问题是，这样高举"内容变现"大旗的商业形态，必然要求主播提供的内容具有足够吸引力，否则不可能有人愿意买单。对此，刘子正有一套自己的打法，"只有拿到邀请码的 KOL 才能在平台上发声，前期只会投放大概几百个规模"，以此来确保内容质量。

根据微博公布的数据显示，截至 2015 年 11 月，微博专业"大 V"达到 230 万，覆盖了 47 个行业，很多垂直行业的内容生产者数量已经超过了明星。在红豆 Live 内测时的 KOL 邀请名单中，也不乏博物杂志、NASA 中文、英国驻华使馆这些重量级的大 V，以及新浪汽车、E 旅行网、营养师顾中一等在各自领域颇具影响力的垂直 V。这些 KOL 的微博粉丝数总量已达到 4727 万，内容广泛覆盖汽车、时尚、旅行、文娱、健康、科普等多个垂直领域。

短视频应用"快手"的成功在于精准定位，满足了底层用户的现实需求。然而，要给红豆 Live 做用户定位，是刘子正不想去刻意做的事情，"不强求，自己是什么样的人就会吸引什么样的人。"产品的特点也反映了他本人的特点：低调、不刻意。

刘子正始终认为伴随着市场规模的不断扩大，不同的人都会找到自己最喜欢的、不同的产品形态。

## 分答"死"了，语音知识分享还有机会吗？

与正如日中天的视频直播相比，语音直播看似处在边缘地带，实际上却充满机会。

从更大的范围来看，包括音乐、电台等各类与语音挂钩的产品在内，音频市场的整体用户规模远远超过视频，甚至是几倍的量级，可以囊括音乐、电台等与语音相关的产品。以腾讯旗下的两款产品为例，QQ音乐无论在用户规模还是用户使用时长上的数据都是腾讯视频的数倍。

语音较之于视频的不同点，刘子正想得很清楚：适用场景更多、内容制作门槛更低、传播与消费成本更低。

首先，从受众角度来说，语音能够切入更多场景，例如，开车路上、工作的同时，音频形态能够利用的不仅是用户的碎片时间而已。

其次，内容制作成本更低，主播不需要太长时间的内容准备与化妆、拍摄，随时随地就可以发起。

最后，相对于高带宽的视频直播来说，即使加上多图互动的语音直播，也只需要几分之一的带宽消耗。

刘子正看重语音直播的另一个要点是知识分享。讲到语音知识分享，绕不开的一款产品必然是分答。

分答作为一个上线只有两个多月的新产品，曾因为得到王思聪的站台，在资本圈和朋友圈都赚足了眼球。

而就在不久前，分答被媒体报道已停止服务，百度指数从高峰期的23000一路跌至1000左右。分答"死"了，语音知识分享还有机会吗？答案是肯定的。

在市场上快速地被广泛认知，需要像王思聪这样有影响力人物的加盟，但若想长久留住用户，还要靠各个垂直领域有营养的内容——这是铁律。

分答最致命的问题是，它的一则语音回答上限是60秒，作为知识分享应用，60秒的时间很难真正提供高质量的内容，从而解决问题。但这种限制在语音直播应用中就不会存在。

无数人看到风口上的猪，一边感叹不可思议，一边笃定地相信猪能飞。然而，速度越快的爆发，通常只是昙花一现，分答、脸萌都是前车之鉴。

意料之中的是，刘子正对"红豆 Live"这款语音直播产品的期待很简单且直接，"秀场直播是流量入口，而主打垂直内容的语音直播，更可能成为一个具有长期生命力的生态系统。团队的精力会聚焦在为用户创造价值的同时，帮助主播实现知识及内容的变现。而这到底会不会成为风口，不是我们现在关注的事情。"

# 8 财经+直播：
## 直击核心消费群体

前几日，遵循着固定的生活轨迹来到笔者的新办公大楼，等电梯期间被电梯口的大智慧视吧直播广告的画面给击中了，罗杰斯、李大霄等顶级大咖纷纷玩起财经直播。直播这个新物种，从最初的几家，不到半年时间发展到几百家，以如此速度繁殖，前所未有，在这么火热的势态下，不禁让人想去思考，直播到底会如何发展，它的生命进程又会如何演绎进化？

## 直播热潮：从泛娱乐到专业化

如果把直播当做一种娱乐形式，那么现在就应该想想它将在什么时候会被替代。大众是多变的、无情的，他们随时准备着投身去另一片更有趣、更刺激甚至更无脑的领域。现在市场 90%的娱乐产品，最后都会像"网络聊天室"和"偷菜"一样，成为无人问津的历史。

剩下的 10%为什么能活下来，其中一个能确定的原因就是避开泛娱乐，做专业、做垂直。

打个比方，在游戏直播火起来之前，游戏的附属产品中最火的是游戏论坛。而游戏论坛中最火的，往往是供用户闲扯的"水贴板块"。当游戏直播出现时，游戏论坛中仍有生机的，是攻略、技巧等技术含量较高的版块。原因很简单，游戏直播代替了原来论坛水贴板块为人们打发时间的功能，却不能满足人们对攻略技巧的需求。游戏攻略论坛，有着长期累积下来的 PGC 用户，可保存的图文展现形式也比直播更有优势。

做直播产品，想趁着风头捞一把热钱就走，请继续保持泛娱乐路线，如果在多变的市场中长期生长下去，不如试试做垂直领域的专业级产品。

## 直播除了同步信息还能同步什么

哪些垂直领域特别适合直播产品呢？游戏已经是一个了，相信以后游戏赛事解说会和体育赛事解说一样，职业化、专业化。户外旅游、演唱会、话剧演出也存在机会。

在未来，直播产品或许会出现"频道化"的态势。不同的直播产品就像电视台的不同频道，有音乐现场频道、游戏频道、户外频道，等等。

目前已经在尝试垂直、专业化的直播产品也不少，游戏类有斗鱼、虎牙、熊猫等；还有专注音乐现场直播的"在现场";服务于企业线上发布会的"微吼",等等。

移动直播与以往传播形式最大的不同,就是把同步化做到了极致。以往只有文字直播、语音直播,如今移动直播做到了真正的"眼见为实"。除了同步画面之外,直播还可以同步信息、同步见解。信息和见解的同步,成为垂直直播生长最重要的养分。

## 财经直播,财经行业新灵感

除了上文提到的游戏、企业服务方面的垂直直播产品,最近大智慧也推出了属于自己的直播产品——视吧直播。大智慧十几年来一直为亿万金融投资者提供证券行情和金融数据分析服务,推出的视吧直播也专注于财经垂直领域。

财经领域其实和游戏、体育一样,可以让直播的同步性很好地发挥作用。炒股的人都知道,时时盯着 K 线看是专业玩家的必备功课,如果这时有专业人士在直播平台随时讲解,恐怕会有不少人为这种形式买单。

前几天视吧直播举办了 7·7 红包节，不但给用户大发红包，还邀请现代华尔街风云人物罗杰斯、中国著名经济学家李大霄、胡润百富榜创始人胡润等国内外财经大咖出席，和网友实时互动，谈论华尔街最新版中国崛起下的商品投资圣经。

其实不管是股票大盘实时讲解，还是财经解说，都是电视上随处可见的老梗。但是直播平台解决了电视节目移动性差、互动性差两大痛点。在直播平台上，财经专家成了主播，可以和围观群众对话。在视吧，直播的作用不再是同步娱乐，而是同步经验、知识和见解。视吧直播的出现，或许会对财经行业带来冲击和新的灵感。而对于大智慧来说，直播作为时下最火的话题，也会为其吸引进不少新流量。

作为行业领导者，大智慧在预热此次视吧直播活动上也是高举高打，不仅在发红包上表现大气，投入 500 万元，在投放渠道上也是深思熟虑，为了有效围捕核心人群，直击高端白领与商务人群，选择将所有线下"弹药"投注在目标人群必经的分众电梯媒体上，为活动当天收获近千万的人流，起到了充分的引爆效应，且带动不少网友主动分享到社交媒体。

## 结束语

娱乐是大众的硬需求，所以，会被新的形式、新的产品源源不断地填补。单纯地填补受众的碎片化时间，总有一天会被新的娱乐方式代替。现在更多的直播平台正在尝试着让自己成为工具——例如，很多直播平台在试图做直播社交，"有用"和"消遣"哪个更能在市场上长久立足，大家心里应该都很明白。

直播不应该是一种娱乐方式，或许它现在正以娱乐的面貌出现，但它的本质应该是一种新的传播方式。而作为直播平台，现在应该留意的是，直播应传播什么？是在短期快速吸引流量的低俗、软色情，还是真正能满足受众的知识？

## 9 旅游+直播：
### 世界那么大，我想出去走走

每年的 9 月 27 日是"世界旅游日（World Tourism Day）"，想必每一个热爱旅行的人都会有"打开门走出去"的冲动。在一场旅行中，最美的不只是沿途的风景，还有陪你看风景的人。最近斗鱼直播与去哪儿网深度合作推出"99 嘻游季"活动，十余位人气主播轮番出阵，带你游遍各种旅游胜地：毛里求斯、留尼汪、长白山、日本、三亚、中国台湾、张家界、重庆、鼓浪屿、丽江……

不得不说斗鱼的这种"直播+旅游"是一次颇具创意的BD模式。在繁花似锦的直播行业里,这种模式无疑增添了一抹亮色。

## 多样性,直播+的必然趋势

凯文·凯利在《科技想要什么》一书中曾提到,多样性是科技趋势因素之一。因此,直播行业作为2016年最大的风口之一,从简单的娱乐秀场,进化成企业的营销工具,就显得顺其自然。传统的直播模式,从主播的才艺表演,到直播游戏、吃饭、睡觉,然后是直播购物,直播旅游,直播企业营销活动,这是直播模式的不断进化。

下面通过"直播+旅游"来进行分析,斗鱼直播有以下几种模式。

第一种模式,直播间延伸到户外。斗鱼与去哪儿网的合作,让当红主播化身导游。有人说:人生其实就是一场旅行,旅行就是体味不同的人生。粉丝可以足不出户地跟着心仪的主播去各种旅游胜地，去享受山清水秀，阳光海浪，以及各种美食。主播在走向职业化，甚至成为明星的过程中，说不定也会得到"导游"的新技能。

第二种模式，探秘模式。2016年8月月初，斗鱼直播联合携程旅行一起首次探秘神农架。有人肯定读过不少关于神农架和百慕大等神秘之地的故事，这次斗鱼主播带着许多未解的疑问走进神农架的原始森林，去探索林区山中林密谷深，与那些与世隔绝的动植物好好对话。当然，希望美女主播不会邂逅传说中的"野人"……

第三种模式，荒野求生模式。贝尔·格里尔斯被称作"站在食物链顶端的男人"，他以真人秀节目《荒野求生》而闻名全球，被中国粉丝亲切地称为"贝爷"。尽管笔者不知道斗鱼播放贝爷的这些视频是转播还是直播，不过荒野求生作为这些年来超级IP，未来关于这方面的直播流量肯定不会输给一般的直播方式。

这三种模式肯定不是"直播+旅游"的终极模式。试想，如果说第一种是"主播带你玩"的UGC模式，那么后两种则是通过精心策划的 PGC 模式。这类 PGC 模式，未来将延伸到"直播+旅游+综艺"，比如这几年超火的综艺节目《爸爸去哪儿》，就是实现直播+旅游+综艺的非常成功的案例。这种玩法不仅能让粉丝追随，还能吸引更多的观众，甚至也能让组织方获得更多的变现模式。

### 直播+，用"+"的优势来突破传统直播平台

相比传统直播的 C2C 模式，直播+更像是回归 B2C 模式。在这个模式中，主播、直播平台、X（不同行业、企业）、观众（消费者），这四者形成一个新的生态闭环。因此，直播+，其实是让更多的外部力量来参与，形成优势互补和彼此需求的直播生态模式。

再以直播+旅游模式为例。

直播在旅游中会遇到以下几个问题。

第一，没有"美颜"的环境，考验主播。主播不能仅靠

颜值，至少要有一点导游的基础，对景点进行介绍。否则，在日晒雨淋的情况下很容易出现尴尬场景。

第二，虽然说 4G 网络已经很普及了，但对在不同的景区网络是否通畅，就很难把握了。考虑到观看体验的问题，规划好路线，了解路上的直播时间点和内容对规划者来说是一种考验。

第三，直播成本太高，旅行产生的费用怎么破？如果没有足够的收视率和更多的变现模式，直播+旅游也只能昙花一现，毕竟没有企业或平台会为亏本生意买单。

于是，在直播平台外部资源不足的情况下，旅游平台的介入就显得顺其自然了。众所周知，旅游行业这些年来逐渐形成巨大的红利，据国家旅游局数据，2015 年国内旅游人次超过 40 亿，旅游行业为 GDP 综合贡献超过 10%。线上线下的旅游巨头实力日益增强，例如，携程合并去哪儿、同程收购永安国旅、线下的港中旅与国旅合并、众信战略投资卓越之旅，等等。如何获得客户流量，并降低获客成本？处于风口的直播平台无疑是这些旅游巨头们非常热衷的一个流量入口。

直播平台有流量的优势,有新玩法的需求;而旅游平台更懂得出行行业,同时有需求的刚需。两者结合既是优势互补,也是彼此需求。

简单来说,直播+旅游的模式就是:通过主播在旅行中的直播,经历的美景与趣事,内容吸引更多的观众,同时唤醒观众的旅游欲望。因此,"直播平台+旅游平台"的 BD 模式无疑是最佳战术。

## 结束语

直播革命正在挑战传统的直播模式,根本原因是移动互联网让网民需求发生了变化。新的互联网生产力是娱乐、个性和共享。

要跳出传统直播平台真人秀、娱乐玩法,就必须有新玩法。"直播+旅游"无疑是一个新的模式,加上旅游行业的巨大红利潜力,"直播+旅游"或许能够成为下一个风口。

## 10 直播+红包：
## 春节里的一场全民狂欢

与 2016 年年末很多媒体与评论者想象的不同，2017 年的这个春节红包大战，不但没有遇冷，反而进一步升温甚至"嗨"起来了。

相比此前几年红包战的垄断态势，2017 年红包战的参与玩家更多，玩法更多元，参与方式更多样。无论参与平台数量、用户数量，还是红包数量、红包金额，都把红包大战推到了一个新的巅峰。

在一片红包混战里，笔者特别关注到了其中一些亮点。例如，2016年最火热的直播，就在这个春节里不甘寂寞地加入了红包大战中。

不出所料，国内首家加入春节红包大战的直播平台是笔者一直深度入驻的花椒。根据大数据结果统计。截至2017年1月30日，花椒直播平台上共发出660万个红包，总金额1.1亿元，仅除夕当天就发出300万个红包。而其中最受欢迎的红包由张继科发出，他在大年三十直播时发的红包引发200万人疯抢，同一秒抢红包人数高达38万。

从另一个角度看，花椒红包的受众覆盖了42个国家。上海人发的红包最多，广东人抢的红包最多。抢到红包最多的一位用户抢到了5万元，真可谓是过了个好年。

这些数据在众多红包大战中也可谓出彩。更重要的是，花椒的春节红包行动带动了直播+红包的全新场景生成，打造了一系列相应玩法，并且与整个春节的活动主体相互呼应。

## 红包和直播同源于游戏：系列玩法打造生态矩阵

红包和直播，之所以有巨大的融合张力，在于这两者有个非常大的同源性：游戏。

笔者很早就分析过，红包之所以能在中国风靡，是因为它创造了一种简单粗暴但饶有兴致的游戏活动，尤其适合春节这种空闲时间骤增的节日假期。

直播作为一种媒介载体，本质上是给用户提供了游戏感和陪伴感，解决了人群中愈发严重的无聊时间问题。

根植于游戏性的两种模式，合二为一最重要的契机就是打造游戏互动矩阵，让用户可以多方面参与到直播+红包大战的场景氛围中。

复盘这次花椒的直播大战，可以发现其在游戏性和新玩法上煞费苦心。总结起来，至少有 5 种新玩法是之前直播界所未见过的：

一是小视频+直播强势来袭。作为如今互联网最重要的风口之一，视频化正在席卷社交生态。这次花椒的 1 亿元红包是通过小视频红包的形式发放的，用户录制拜年小视频分享至朋友圈，邀请好友拆包成功获得随机红包，同时帮忙的好友也可以得到相应的红包，最高金额 1888 元。这在保证了游戏性的同时，也增加了社交体验感和传播力度，可谓一箭三雕。

二是"大佬"加持。花椒直播投资人周鸿祎在春节期间发了 1000 万元红包，圈粉无数的同时也打造了企业 IP 与用户群体的深度互动。互联网世界中，大佬的个人光环影响力是远远被低估的，这次周鸿祎亲自上阵狂刷红包，绝对是直播界一个创举。

三是强明星阵容+粉丝经济。春节期间，花椒直播邀请了张继科、马龙、王祖蓝、潘玮柏、林宥嘉、柳岩等近百位明星直播拜年并发红包，累计发出 1000 万元。有效利用了春节期间粉丝希望与偶像互动的心理，并且用明星的自带流量显著提升了红包战效果。

四是世界红包的创造性打造。这次花椒红包战中，周鸿祎和明星都是以"世界红包"的形式发出的。花椒的世界红包，是只要发的红包金额达到一定金额即可通知全平台用户来抢红包，每天用户抢世界红包的数量不限。这种特权+偶像魔法的玩法给了用户极大的发红包热情，对平台流量的深度使用也让人耳目一新。通过这种全平台式的红包玩法，花椒有效打通了内部生态的高效交互碰撞，让直播体系产生多点触碰。

五是社交网络加持与引流。在平台外，花椒直播推出了朋友圈语音红包，可以发送语音红包，首次在朋友圈抢到红包的用户还可以弹幕互动。这些有创意的新玩法让花椒实现了与社交网络的有效引流，加大了矩阵覆盖面积。

总而言之，花椒的直播玩法一方面是内功修炼，如大佬IP、明星矩阵、大量资金这些重资源；另一方面是招式翻新，如视频红包、语音红包、世界红包等。给用户提供的游戏动机和游戏方式都十分充足。可见只有内外兼修，才能真正打赢红包运营之战。

## 直播春晚+明星拜年，打造协同势能爆发

另一方面也要看到，红包对平台来说永远是辅助的。如

果打得好，打得巧妙，可以起到意想不到的效果。但真正决定用户体验的还是平台的"主菜"。

对于直播来说，最重要的"主菜"就是直播内容。

在这次玩转红包的同时，花椒直播还邀请了超过 60 位人气主播轮番上阵，在 2017 年 1 月 27 日至 2 月 2 日举办了连续七天的首届直播春晚。

在电视春晚日益式微的今天，用户渴望在春节期间找到新的假期娱乐方式已经成为了显著刚需。而直播平台通过有创意的内容形式和强大的流量聚集效果，或许可以成为"春晚代替品"这个大市场中的绝对黑马。

这次花椒的首届直播春晚有众多平台超人气主播，还结合了魔术、歌舞、乐器、脱口秀等众多形式。可以说在阵容和内容精彩度上都不逊于各种各样的电视春晚。

除了直播春晚之外，花椒还请来了近百位明星直播拜年，分享自己的过年经历。尤其强大的是乒乓球界的偶像张继科在大年三十晚上 10 点钟开始直播，连续直播 2 个小时，大秀歌喉，简直可以说是开了一场小型演唱会，并且陪粉丝过了零点才下线。

对众多粉丝和直播深度用户来说，张继科带来的直播体验可谓惊喜。这位高冷的体育明星在文艺方面如此"放得开"，恐怕也只在直播平台上才能看得到。

这就是直播的魅力所在，它能打造更加接近真实的交流方式和娱乐方式，用最简单的渠道打动观众。

直播春晚+明星直播的持续高温，与直播红包战刚好形成了良性互补。一方面，用户有内容可看；另一方面，多元化的红包玩法还为用户提供了社交互动、与主播互动，甚至与明星互动的途径，有效形成了势能聚集。

这次花椒直播的春节营销战，非常暖人的一点是推出了主播回馈计划。除夕当天取消平台分成，除了扣税外，当天所有打赏100%归主播所有；初一到初六，花椒主播分成提升至90%。

据悉，花椒一直以来都是给主播分成比例最高的直播平台，这次的高能回馈更可谓"丧心病狂"。

这才是有远见的做法。水有源，树有根，直播平台的源头就是主播和内容。只有主播真正得到实惠，不断调集精力和才艺去打造更好的内容，直播整体生态才能蒸蒸日上。花椒的这个春节，值得所有互联网人点一个大大的赞。

## 11 百播大战鹿死谁手：
直播行业未来管窥

据有关数据显示，2016年国内网络直播平台数量已经超过 300 家，直播用户数量已超过 2.4 亿人，直播房间数突破 4000 个。移动直播的出现，让直播的模式更加接地气。在风头和资本的追逐之下，直播行业竞争异常激烈，同时也让"直播+"所延伸的领域越来越多。

## "直播+"未来的无限可能

"这是最坏的时代，这也是最好的时代。"这句话是狄更斯在《双城记》中著名的开场白。

无可置疑的是，随着直播行业的越来越繁荣，可以看到越来越多的直播新玩法，传统的直播+秀场、直播+游戏、直播+娱乐的概念仍然会是主流，而随着更多领域和行业被嵌入直播平台，"直播+"的未来有无限可能。

例如，之前曾谈到过的案例如下：

➤ 直播+优步出行案例

➤ 直播+电商日，苏宁818案例

➤ 直播+综艺，《小哥喂喂喂》案例

➤ 直播+VR案例

……

这个"+"除了优势互补、彼此需求的特点外，可想象的维度简直可无限放大。

因此，直播正在成为一个常规的互联网工具，被应用于所有的内容（产品）与观众（消费者）连接的工具。

如何实现内容端与社群更契合？这是除了直播的多样化外，细分市场的另一个特征社群化，就是"直播+"的核心。对社群（或者粉丝群体）的刻画越精准，直播玩法可实现的效果就越清晰。

| 直播行业 | | |
|---|---|---|
| 模式 | 传统直播 | 直播+（直播模式工具化） |
| 内容制作 | 平台自营：娱乐秀场、游戏 | 平台+产品（品牌）、企业、平台…… |
| 变现模式 | 观众打赏 | 观众打赏+内容消费、产品消费、电商模式、广告效应 |
| 观众 | 粉丝 | 粉丝、消费者 |

总结前文，不妨给直播行业区分几种场景模式：

➤ 传统的秀场直播模式

➤ 游戏+体育直播模式

➤ 移动端的全民直播模式

➤ 直播+长尾模式

乱世直播中的平台搭建者：

➤ 传统秀场直播平台

➤ 游戏直播平台

➤ 社交平台延伸

➤ 电商平台的延伸

➤ 视频平台的延伸

如今，传统直播平台的秀场模式，正在被更便捷的移动直播模式所冲击，进而让直播生态矩阵产生化学反应，产生出新的生态矩阵。新的生态矩阵拥有三个特征：价值重塑、整合共享、跨界模式。在新模式下，传统直播价值将被重塑，各种资源更容易整合共享，更多的跨界合作将被应用。移动直播模式的入侵，就像蒙古铁骑打造的闪电战术，强悍的战斗力席卷欧亚。

另一方面，直播平台也产生五种衍生形态：社交媒体+直播；VR+直播；电商+直播；品牌营销+直播；O2O+直播。这五种衍生形态，不仅覆盖了互联网的社交和电商模式，同时也涉及线上线下结合的O2O领域，甚至拥抱未来的VR产业。

最后，预测一下视频直播的未来。

第一，娱乐和创业，将逐渐被区分。随着越来越多跨平台打造"网红"的企业诞生，单兵作战成功的可能性会越来越低。每个"网红"的背后都会有一个运作团队，这就是所谓经纪公司或者工会，他们负责内容创造、"网红"形象包装，以及商业化变现。而单兵作战的主播，更多是自身娱乐，打发无聊时间的需求。当然，也可以在一群粉丝中找到你的"高富帅"真爱，不知道这算不算是一种新的相亲模式。

第二，移动互联网是主战场。互联网大V王冠雄说过，移动互联网时代中国有一个"蓝领红利"现象，就是很多低收入、低信息化者成为网民。例如，许多打工仔没有计算机但有手机，老人不会用计算机但会用手机，所以，直接从PC时代跨越到移动互联网。

第三，网络直播未来将与VR无缝关联。有一句网络名言：你不知道对面坐的是一条狗。而未来VR将要做的是，用AR（增强现实）把对面那条狗还原展现，或者用VR（虚拟现实）把那条狗真实地展示并人性化。

第四，很快就要到来的惨烈竞争。众所周知，团购行业曾经出现过"百团大战"，最终生存下来的团购品牌寥寥无几，第一名和第二名，美团和大众点评也最终牵手合并了。由此可见，无论是PC端的直播平台，还是移动端的直播APP软件，必将在未来发生各种大战。

第五，直播行业的监管力度会继续加强。前文所说，目前依旧有很多直播平台在享受灰色直播带来的大流量和高收入，而随着直播行业的影响范围持续扩大，政府必然会出台更全面的监管制度。

直播行业已经进入百播大战时代，回首前几年的百团大战，最后留下的是新美大。如今直播行业烽烟四起，大有超越前者之势。那么，这些直播平台最后能留下来的将会是哪几家呢？

让我们拭目以待，精彩的故事将会讲到哪儿。

# 03 Chapter

## 沙场秋点兵:
### 直播平台全揭秘

DIRECT SEEDING ▶

## 1 强明星属性的花椒

2015年6月上线的花椒直播，经过两年的高速成长，已经成为中国最大的具有强大明星属性的移动社交直播平台。聚焦"90后""95后"生活，每天实时进行互动和分享的花椒直播，目前已有数百位明星入驻，用户可以通过直播了解明星鲜活接地气的一面。

花椒推出上百档自制直播节目，涵盖文化、娱乐、体育、旅游、音乐、健身、综艺节目、情景剧等多个领域。不论是脱口秀、歌唱乐队表演，还是名人主持，都能在花椒见到。

此外，2016年6月2日，花椒VR专区上线，成为全球首个VR直播平台，开启移动直播VR时代；独创萌颜和变脸功能，丰富用户交互体验。

2016年6月15日，花椒发布"融"平台，打破媒体与媒体间的界限，同企业用户打造更多优质的内容。

2016年9月，花椒直播广告遍布地铁、车站、校园，意在打造直播界"奥斯卡"的晚会："花椒之夜"。

2016年9月14日举行的"花椒之夜"，除了花椒平台的300位主播出席外，还有庞大的明星阵容加入：由范冰冰领衔，此外包括张继科、王祖蓝、张震岳、吴莫愁、李响、李艾、王铮亮、白举纲、曾轶可、向佐、林欣彤、邓萃雯、陈子由、赵泳鑫、冯铭潮、热狗、周知、毛俊杰……活动颁出"花椒年度最佳女主播""花椒年度最佳男主播"等奖项。

## 明星频繁担任 CXO，企业图什么？

2016 年 9 月 2 日，花椒官方微博和范冰冰工作室晒出范冰冰工牌，范冰冰正式成为花椒直播员工，出任花椒直播首席体验官。2016 年 9 月 11 日，张继科又在微博晒出花椒工牌，宣布出任首席产品官。这几年，明星频繁出任各种互联网企业的 CXO（这个 X 指的是未知数），例如周杰伦成为唯品会的首席惊喜官，王力宏加盟 QQ 音乐，高晓松加盟阿里音乐担任阿里音乐董事长，何炅入职阿里音乐集团首席内容官 CCO。

娱乐圈有句流行语：唱而优则演，演而优则导。娱乐圈的明星玩跨界也算正常。可是互联网企业流行的让明星出任 CXO 角色，更多是出于什么考虑呢？

明星作为公众偶像，更多的是给企业带来正面的形象效应。作为自带流量的偶像，在加入企业之后，自然会给企业注入相应的明星气质。

作为一个具有强明星属性的直播平台，花椒拥有丰富的顶层资源。"花椒之夜"前，柳岩、王祖蓝、沈梦辰、韩雪、李维嘉、李锐等均已入驻花椒。且在里约奥运会期间，花椒直播还请来了张继科、郎平、惠若琪、张培萌、苏炳添等数十位体育明星，承包了奥运期间的所有热点。

明星资源为花椒平台带来了高关注度和流量。以张继科为例，其里约奥运会后在花椒首次直播，就为花椒直播带来几百万的观看量，当晚花椒直播还登上微博热搜榜。而9月1日花椒公布签约范冰冰为首席体验官后，花椒签约范冰冰的话题也占据微博热门榜长达24小时，之后有关花椒和范冰冰的相关话题几次登上热搜榜。

## 打造直播红点奖,剑指何方?

坦白说,"花椒之夜"不应该被称为直播界的奥斯卡,而应该叫红点奖(Red Dot Award,国际知名的创意设计大奖)。因为目前直播行业缺乏的是内容,以及表现形式上的创新。这个内容不应该是传统的主播通过高颜值"网红"脸,以及撒娇卖萌加套路去吸引观众。目前直播行业这种海量"网红"模式早已让观众产生审美疲劳,之前观众平均停留时间只有3分钟就已说明了这种方式的弊端——观众黏度严重不足。

当然,花椒打造直播界的奥斯卡,也是一种势能营销的模式。这种势能营销在互联网中具有一定的普遍性,如电商的各种"造节日",发布行业数据排行榜、人气排行榜,等等。行业的领军者制定游戏规则,而后来者只能跟随。"花椒之夜"旨在给混战不堪的直播行业制定一些标准化模式。例如,什么样的标准才是真正优质的主播;什么样的模式能诞生更优质的内容;而获得奖项的主播又将如何进入娱乐圈,成为真正的明星？这给直播行业的所有参与者一个很好的示范作用。

## 让明星跟"网红"平起平坐，意味着什么？

花椒在打造内容方面还是不遗余力的。花椒直播广泛参与综艺节目，在影视、网剧等方面均有涉猎。此外，花椒直播还在积极进行跨平台合作，最近一段时间，花椒一共与16部国内影视剧、5家卫视的综艺节目及《时尚COSMO》杂志展开了合作，通过参与影视剧发布会、明星大片拍摄的直播，为粉丝们带来更多的福利。

这次"花椒之夜"，虽然主要给平台内的主播颁奖，但让众多一线明星参与晚会，等于作为草根的主播们有机会与明星平起平坐。一线明星屈身下潜，而主播借此机会获得地位上升，两者产生互动，必将造成新的眼球效应。例如，王思聪的前女友雪梨开直播，就引起了百万网友围观。

平台的主播们，在历尽了无数场"表演"的磨炼，在平台中或许人气无敌，也面临一个上升的"瓶颈"，而与一线明星同台互动，有机会逆袭成明星，这也是未来很有可能出现的概率事件。而这个机会，就需要由花椒直播这种大平台来制造，以及平台本身给予二次培养的机会。

当然，提升主播地位，让主播晋升为明星，也契合观众亲手捧红明星，"屌丝逆袭"的励志"鸡汤"需求。

笔者曾说过：直播代表着一种力量，一种媒介方式的颠覆，它必将成为全民化的娱乐方式，成为知识传播的新标配。

未来，直播不再属于"网红"的专利，无论是企业，还是意见领袖、自媒体人，都可以打造适合自身特点的直播机会。

全民直播，其实并不遥远。

## 2 映客迅速崛起之谜

2015年5月上线的映客是一款基于视频直播的移动社交应用，主打素人直播理念，开创"全民直播"先河。

为何映客能够牢牢占据移动直播平台的前端？

第一，开通快捷。用户只需拿出手机，打开映客即可一键直播，让全平台用户随时随地观看，点赞聊天，开启直播社交新模式。更可以通过分享到朋友圈、微博、微信，邀请好友观看，尽情释放属于自己的精彩。

第二，引入"网红"，打造 IP。作为直播领域第一梯队，映客创直播+明星模式先河，2016 年 3 月映客成为 BIGBANG 中国演唱会总冠名，2016 年 4 月月初映客牵手湖南卫视《我是歌手》巅峰之夜。2016 年 5 月，马东携污力天团入驻映客引发社会热议。韦德、欧文、罗振宇、骆家辉先后入驻映客直播。

## 奥运势能：映客的市场组合拳

2016 年 8 月，包括傅园慧在内的多名奥运选手入驻映客直播首秀。

巴西和这届奥运有不少故事，也引发了网友的不少吐槽。不过真到开幕式时，貌似大家的关注点还是回到了奥运本身。

这就是大趋势的力量，再多吐槽也拦不住人们对体育、对奥运精神的关注和向往，就像再多怀疑和吐槽也拦不住直播必将成为互联网的大势所趋一样。

为什么突然谈到直播上了呢？

因为看着看着奥运突然就看到直播了！CCTV 1 奥运栏目的黄金时段，居然看到了映客直播的广告，让笔者深感互联网又一次改变了大众的普遍认知。

笔者的"雄出没科技直播"已经强势登录映客平台，让笔者对直播平台有了很多新的认识。进驻央视广告的映客和移动直播，接下来将写怎样的新故事？

映客的动作不仅仅是上央视广告这么简单，而是立足央视和央广平台，借助奥运的庞大势能，打了一套完整的市场组合拳。

这支以"直播我"为主题的映客夏季广告，登录了央视奥运全时段广告。于奥运会开幕式前一日完成首秀，据说覆盖央视在 2016 年里约奥运会的各重磅栏目，在《相约里约》《全景奥运》《奥运新闻》等节目中轮番播放。

映客还牵手另一个国家级媒体，以直播的方式全程参与中央人民广播电台名牌栏目《经济之声》和奥运特别节目《三人五环》。据说将邀请奥运明星上映客与观众直播，连线奥运冠军，更有传闻说白岩松也将加入"直播"大势。

映客的广告还在包括万达影城、星美国际影城、华谊兄弟影院、UME 国际影城等 1500 家影院和将近 20 个机场大厅滚动播出。

作为第一个登录央视广告的直播品牌，映客完成了"抢占先机"和"势能尽用"两个市场营销的核心，把奥运势能和央视的平台意义玩到了极致。直播业一直在广告推广和市场营销上处于弱势，映客的这套市场组合拳，弥补了行业空白。

## 新行业和大众之间的传送门：直播广告上央视的意义

不知道大家是否还记得那一年，有一个刷爆全网的消息称，某个网游终于登上了央视广告。当时大家只是觉得新鲜———一直被主流媒体当做"洪水猛兽"的网游居然也可以上央视？

之后的故事却证明了，那次广告完全可以被看做一个里程碑。从此政府导向、主流媒体认同、大众市场开始全面接纳游戏作为一个主要的互联网产业，然后就是中国网游、手游的井喷。

其实一个新生产业，尤其是娱乐性质的产业模型，一旦登录了央视广告，基本可以证明这个产业已从"小众"彻底走向"大众"。直播是大势所趋，但是这个认知却长时间仅仅存在于互联网人的判断里。对大众和主流媒体来说，直播一方面被认为是色情等灰色产业的聚居区；另一方面被认为是市场炒作的结果。

但映客的广告却通过价值常识来告诉大众，直播是一种积极乐观的生活态度，与奥运精神一样，是一种平常人、平常事的生存态度，这里没有虚伪的数值和灰色的表演，有的只是亿万普通人认真展现自我，从而建立社交。

马尔库塞在《单向度的人》中判断人群的影响力，往往是由一点发生的声波式传递。如今的中国，央视这个平台绝对是一个很重要的点，决定着大众对某件事的核心认知。映客的广告或许将打开一个传送门，把直播从小众群落的娱乐方式向人人必备的直播时代进行一次跨维度穿越。

人们事后再回忆起直播的时候，应该会记住这个广告。

### 我是我，直播我：移动直播的价值观

产业突破的层面固然重要，但映客广告中传递的价值观或许才是对行业最重要的东西。

下面来回顾一下映客的广告语：

我不一定"网红"；我不一定会唱；我不一定自律；我不一定勇敢；我不一定会赢，但在映客，我一定是我，上映客，直播我。

这个广告深深地打动了我，并不是说一定要感人或者鸡汤，它打动我的地方在于它成功为新直播找到了价值取向。即直播不是"网红"女、肌肉男、才艺帝的天下。直播，应该是每个人都能玩、都敢玩、都爱玩的社交平台，你认识或不认识的朋友并不需要看你的相貌、身体、才艺，他们只需要看你，这就够了。

从最开始的秀场直播，到后来的移动直播，中间其实已经发生了价值观扭转。而在移动直播时代，直播的价值观必须被彻底改变为抛弃标签、抛弃物化，让直播无所不在。这才是真正的媒介交互方式升级，也是直播完成指数级增长的唯一机会。

我是我，直播我。

无论是直播唱歌、跳舞，还是直播游戏解说，都只是一个细分品类而已。即使每个月都有新品类被直播，那也永远是个小生意。只有"直播我"，直播才是个大生意，是一个可能变成全民级的"无天花板"市场。

而这一切，都要从价值观的改变开始：不是上平台看直播，而是直播我，我就是我。

直播现在就像一面镜子，每个身处其中的人，都在直播自己。

这是一个关于直播的时代，也是一个关于"我"的时代。

## 3 一直播的矩阵革命

老电影像酒一样，总是值得过一段时间再回味一下。

对于互联网人来说，有一部电影尤其如此，那就是《黑客帝国》三部曲。

每次重看这个故事，笔者都被其中暗藏的细节和当今互联网实际发展中那些惊人到悚然的同频给征服。但这个话题太多、太大了，恐怕一本书都说不完，今天先说其中一个点。

《黑客帝国 3》的名字叫 The Matrix Revolutions，

矩阵革命。讲的是人类如何用自己的力量形成冲击波，引发了一场改写历史的文明革命。

片子中，基努里维斯扮演的救世主尼奥，是通过将多种能量过载，并引发整个虚拟世界的矩阵逻辑基础失去平衡，从而冲破了人工智能对人的捆绑。

笔者称这种力量为虚拟世界中人的势能。当时，这种势能看起来还只在科幻电影里存在，但现在互联网行业却在真真切切地利用这种势能进行革新、迭代，乃至于产业革命。

最近，无论是国内还是国外，直播一下子火起来了。叫好的也有，忧虑的也有，但无论如何，不可否认，直播突然就变成了互联网社交中极其重要的一股力量。

下面介绍一下一直播。让大家看看一直播是怎么用"人的势能"进行过载，形成冲击波，甚至准备引发矩阵革命的。

很科幻是吧？互联网因此才好玩。

## 脉冲：技术支撑是关键通道

扎克伯格分析过，5年前Facebook上大多都是文本内容，而今天最常见的是图片和其他可视化内容，再过5年视频将会占据主导地位，之后可能是虚拟现实和增强现实。

从中不难看出，视频内容将会在接下来的社交分享中逐步占据主要位置，如今这个趋势已经越来越明显。从各种直播平台雨后春笋般的爆棚增长，以及视频主播开始成为娱乐业中不可忽视的力量中就可以看出，基于视频内容的实时社交互动已经开始牢牢把控住了最新、最热的流量入口。

但是在整个井喷般的行业里，一直播依旧保持着最高的行业期待值，凭借的是什么？首先应该是一直播背后强大的技术背景和运营支撑。

即使再好的创意和入口，如果没有强大的技术支撑和运营保障，都无法长久维持，尤其是在移动视频直播这种高技术、高运营门槛的行业里。

一直播是一下科技旗下的第三个"爆款"产品，前两个分别是秒拍和小咖秀。从前两个产品的火爆程度和运营难度中不难猜测它们背后的科技实力。事实上，一下科技早在2011年，就凭借着CEO韩坤创办酷六积累下来的视频科技团队，推出了作为视频技术服务解决方案的全能多媒体框架Vitamio。截至目前，全球已经有超过两万款视频类应用使用Vitamio，覆盖用户超过5亿。

从技术解决方案做起的团队，往往拥有最好的产品支撑能力。2013年之后，一下科技相继推出了引起短视频行业爆发的产品"秒拍"和"小咖秀"。这两款日上传视频超过百万条，日播放视频大于16亿次的产品，技术支撑是保证产品稳定运行，不被天文级使用量冲垮的先决条件。

技术脉冲锁定的渠道保障，也是一款产品如何引导强大势能的先决条件。

## 社交：人是这个时代最大的能量源

为什么笔者相信一直播能引发矩阵革命？

最根本的原因在于笔者相信互联网的本质就是"因为连接，所以赋能"。通过网络把原本分散的你我他聚集成一个整体、一个可以产生无数互动想象的能量场，这是这个时代最大的能源，谁掌握了"人"这种能源，谁就能拥有未来。

而最好的能源提供地，就是社交网络平台。

从 2016 年年底微博领投一下科技 D 轮开始，一下科技成为了微博在视频服务方面的独家排他战略合作伙伴。而后双方不断做出令人惊叹的深度合作，秒拍成为了微博独家的短视频服务提供商，微博与秒拍用户关系、互动数据完全共通。微博的数亿用户也就变成了秒拍内容、流量的强大电池。基于微博的社交网络赋能是取之不尽，用之不竭的，不仅没有热潮退去的风险，还可以轻易通过多种赋能方式引发流量潮。

多种统计数据都显示，秒拍已经成为中国最大的短视频内容生产与分发平台，由此可知笔者所言非虚。

随后，一直播又在秒拍的基础上，与微博缔结了更加深入，且互动性更强的链接关系。据悉，微博客户端中将把一直播写为"直播"加入核心功能选项，并且可以把微博的好友关系导入直播，如果关注的人在进行直播，用户界面将置顶呈现。由此造就了一直播的社交属性会更强，用户黏度也将更大。用户使用习惯产生之后，很可能自动生发出无数新的直播玩法，形成流量引爆——而这一切，都是一直播的势能源。

除了微博之外，一直播还将可能在独立品牌应用、秒拍的核心功能区及小咖秀的热门键位上形成入口，造成一主：微博的社交流量，三辅：一下科技三大爆款应用的流量互推，合力形成的赋能体系，这样造就的流量虹吸效应有多强，当然可想而知。

## FANS：粉丝效应是最好的流量聚合器

有了几乎庞大到无穷的流量源当然是一个媒体属性网络平台的最佳积柱。但光有这些这还不够，还需要有效的方式将人的势能聚合起来，形成一次次释放和回冲。动起来才有活跃度，才能聚集更多用户，打破行业传统的力量。

而能将人的势能聚合起来并有效释放的最好办法，就是做粉丝效应。

为什么"网红"从一种娱乐现象，逐渐成为每个互联网人都必须研究、分析、理解的互联网模式，就是因为它背后代表的是人通过社交网络进行个体赋能的互联网新法则。只有理解了这个规律，才能理解互联网的未来。

一直播所独有的资源之一，就是娱乐明星带来的粉丝赋能。到目前为止，入驻一下科技三大平台的明星及大V已经超过2000人，可以说占据了娱乐圈的大半壁江山。一下科技

TOP10 的明星，在微博拥有粉丝超过 8 亿，所有明星粉丝累计达到 20 亿，并有入驻媒体 10000 多家，包括联合国、央视新闻、人民日报、新华社、人民网等国内主流媒体。

这些明星、大 V、媒体及新兴自媒体带来的粉丝聚合效应和粉丝活跃度，将会成为一直播最重要的赋能方式。这些具有高度凝聚力和带动作用的明星端口，可以有效地把分散的庞大人群集合起来，变成高频高能的能量束，不断刷新移动视频产品的使用量纪录。

在一定的量变积累之后，一直播所代表的移动互联网直播平台，将很可能质变为生活中的常态。直播由一种娱乐方式、社交方式变为一种生活方式甚至价值观，其实也并非不可想象。

**BAT+微博：直播最终会是巨头的游戏？**

BAT 三大巨头代表着可以改变互联网一切垂直领域格局

的力量。

任何细分产业，一旦三巨头同时进场，都将面临着剧烈的资本洗牌和产业重构。

如今在火爆的直播面前，BAT 似乎表现出了耐人寻味的不同态度，再加上微博这个社交行业巨头已经全面进驻直播，直播业巨兽进场分蛋糕的画面可能已经不远了。

先来看百度。百度可以说是在直播面前表现得最淡定的巨头。2017 年 2 月百度推出了一款名为"百秀直播"产品。这是百度体系下目前唯一的纯直播产品，但却没有进行大规模宣传，甚至很多用户都不知道它的存在。很有可能在百度努力搭建服务+金融+智能生态的关键期，直播和目前的战略中心有一段距离。但百度发力直播恐怕是早晚的事，百度直播也可能以试验品的模式存在。

然后是阿里。以电商起家的阿里，其核心产品淘宝和天猫都已经衍生出直播业务。定位为"消费类直播"，涵盖母婴、美妆、潮搭、美食、运动健身等品类，以女性消费者为主要定位用户。而天猫、淘宝直播更加类似于对电商体系的升级和生态建设，但也表明了垂直和功能化或许才是直播的未来。

阿里主体之外，进入直播最便利的优酷土豆已经打造了直播平台来疯，并且还投资了电竞直播平台火猫 TV。前者定位为"中国第一互联网大众造星平台"，后者则参与到依旧火热的电竞直播战场。阿里进场直播已经是板上钉钉的事情，而且投资与自建都会有。但格局还不清晰，有待进一步观察。

最积极的是腾讯。腾讯旗下已经拥有 9 家直播平台，其中包括自建平台且内嵌手 Q 的 NOW 直播、与 QQ 空间本身紧密结合 QQ 空间直播、依托于腾讯视频资源的腾讯直播、拥有大量腾讯体育版权资源的企鹅直播、主打互动娱乐的花样直播，并且投资了电竞游戏类的龙珠直播和斗鱼 TV，秀场直播类的呱呱视频，以及教育垂直领域的红点直播。这些平台囊括了游戏、体育、明星、泛娱乐、教育、生活等多个维度，可说是最大最全，甚至可以说是最疯狂的直播体系。但正处在雾里看花阶段的直播业——腾讯旗下平台在各事业部和投资公司的独立推进下很可能造成内冲。如何整合平台，塑造一体化战略，可以说是腾讯直播体系未来最重要的一步棋。

而微信什么时候及如何直播，则是所有人等待的消息。

最大的变量是微博。相较于BAT的进场布局，微博与一下科技联合打造的"一直播"看起来应该有目前巨头进场直播最清晰的战略。与之前微博内嵌秒拍同样的逻辑，一直播凭借微博的高人气、高流量、明星资源，而微博借助一直播在直播业跑马圈地，这样的逻辑看起来相当顺畅，并且发展方向也有借鉴和参照。微博在社交娱乐等板块一直有叫板BAT，甚至领先BAT的能力。一直播已经开始发力，之后会不会形成行业壁垒，给BAT入场带来巨大障碍？相信这将是一场精彩的角逐。

## 生态化聚流：直播最后拼的是用户逻辑

如何让更多的人接受直播、认同直播作为一种社交方式和生活必需品，这才是整个行业的未来。打车软件、O2O

可以用确实的利益，直播的逻辑中利益补贴却显然起不了太大作用。

真正想要教化潜在市场，核心是找到恰如其分的用户逻辑。

在大部分人心目中，直播还停留在"美女+轻色情"的认知空间里，而未来的主场景一定是泛在化直播。大爷大妈、爷爷奶奶纷纷用直播来晒孙子、晒美食、晒旅游，教师用直播来上课，医生用直播来诊疗。

而如何从1变成3，这其中2的逻辑是什么样的，模式如何落地，品牌如何推广，其实是任何直播平台想做NO.1的必经之路。

其秘诀在于生态化聚流场景的打造。要知道直播长时间没有爆发，就是因为秀场模式太过单一，新引力非常单薄。未来的直播平台必须把对多头的新引力开关全部打开，用多元价值去引入多元用户。这就像公众号之所以成功，是因为想看什么都能找到。

举例来说，一直播冲入公益其实就是这样一个道理。本来传统直播的聚粉和打赏模式，对于明星来说并不合适，而把公益领域放置进来做缓冲，一方面满足了明星的公益需求，另一方面满足了用户的明星需求，从而建立三者之间的生态互动。

用生态聚合的模式建设平台，和用生态聚集的方式吸引用户，这是直播的正路，虽然复杂，但是想想那些产品经理，有谁仅凭简单设计就能占领市场？

## 结束语

一直播，自带了至少三个入口：微博的流量入口、明星的粉丝经济入口、使用习惯的场景化入口。有了这三个入口，一直播变成一对王炸，炸开简单化直播和直播的商业本质之间的那道门，就有了非常宝贵的想象空间。

现在的直播行业是，大家都知道路口后面有蓝海，却都被堵在了路口前不得破门而入。总要有个终结者过来开门，但随之而来的必然是残酷的洗牌和行业重组。

现在还想进场直播的你，可要谨慎了。弯道超车并不容易，越是通往金矿的路，越是需要一个靠谱的老司机。

## 4 新闻+的网易直播

《道德经》中说："有无相生，难易相成，长短相形。"

这是中国人的轴心哲学，也是笔者历来服膺的座右铭。混乱不堪的互联网潮汐里，用老子的眼光去看问题往往能收获奇效。当大众觉得在网上买东西不靠谱时，马云偏偏就做了；当大众觉得 P2P 年化 14%真是好东西时，易租宝一下就垮了。所以，万事没有绝对，重点是你能不能站在众人的背后去看它。

直播也是这样。

笔者推出"雄出没科技直播"的时候，有朋友劝笔者别做，说直播已经一片洪水，挤进去干什么？但事实证明只要方法得当、认真准备，互联网科技直播这种形式也能收获上百万的关注和众多好评。

所以，没有所谓能与不能，问题是到底怎么才能。

据说中国现在有 115 家拿到融资的直播平台，有很多业内专家都断言，这个数字明年可能还剩下一个零头（15 家）。但笔者却想说，这 15 家里可能有一半现在还没发力甚至还没诞生。直播还在上半场，因此还有太多盲目和不清晰的地方。

很多人都说，直播是座大山。山高路远，只有有方法、有体能、有毅力的人才能最终攀登上去。

这种说法确实有道理，但却有一个核心逻辑没有搞清楚：这种认识里，把直播当做了一个特定领域。认为只有去顺应直播的逻辑、话语模式，才能获得认可。但我们真的是在顺应直播吗？还是仅仅在适应长时间以来积累的秀场逻辑？

笔者在入口级产品学院的讲座中经常跟学员说，互联网转型一定要根据自己的基因转，不能盲目也不能妄动。直播转型也是一样。直播本质上是一种单纯的技术和媒介交互形式——它把后时间视频变成了同时视频，仅此而已。就像"亲，包邮哦"文化是淘宝的话语，但绝不是电商的本质话语。"宝宝、么么哒、脱衣服"的话语也只是秀场话语，并非直播的本质价值。

只有根据自己的擅长和基因，加入直播模式，带给用户从未有过的价值体验，才是直播市场的正确打开方式。

把自己所长扔掉，去适应人家玩剩下的，那当然是一片血海。

## 潜伏在网易新闻的直播频道

网易新闻发布了以网易直播计划和直播 PGC 计划为核心的网易"天网计划"直播战略。潜伏了一年多的网易直播正式宣布杀入江湖。这个主打新闻资讯类直播和深度内容直播的计划让笔者看到了一些新的风向。

网易新闻本身就是新闻大户，其资源和团队能力不容小觑。而网易本身又深深嵌入互联网思维，"+"直播对于网易来说并不是十分"隔"的事情。主打新闻和深度的直播，有些人可能会觉得"无趣、不嗨"，但娱乐至死从来没有在互联网上取得过跨时代效应。真正有内容、有价值的模式总是能笑到最后。

网易为什么要做新闻直播？

解答这个问题之前不妨先讨论另一个问题，在文字、图片、视频、实时报道之后，新闻除了直播还有其他进化之路可走吗？

与日常电视中看到的现场直播新闻不同。网络直播和移动直播的核心逻辑是与网友实时互动。电视上的直播其实是提前看到的录播新闻而已，解决的只是获知新闻的速度问题，没有打破从视频到直播的最后边界。

而"网易直播计划"将是对网易新闻的整体升级和改造。

据网易方面透露，将尝试对新闻报道方式、模式进行一种革命性变化。

网易直播要做的是对正在发生事实的报道，甚至是共同参与事实的发生。从原有的文字、图片报道，升级为包括视频、音频、VR在内的富媒体报道，用直播的形式第一时间呈现真实、原始的事件状态，从而改变资讯生产的基本手段。

新闻直播的核心价值，是突破视频与用户之墙后，用技术手段把用户彻底带到现场，造就无限接近现实的在场感。然后通过直播的方式让用户了解他们自己想了解的新闻，去参与新闻，与新闻源头互动，在最高处去改变甚至创造新闻。

这样的价值是媒介交互方式进化的必然选择，也是如今直播业态中急剧缺乏的价值构成机制。

但这显然是一个大项目，网易不打算用单独内容团队去完成资讯直播，而是将所有的内容团队记者投入到直播内容的制作中，可谓"投了老本做直播"。

## 网易内容生产的先天优势

2016 年 4 月,网易 VR 直播进行了首秀:切尔诺贝利核电站事故 30 周年,网易新闻推出 VR 报道《不要惊慌,没有辐射》,这是网易原创团队耗时两个月去乌克兰实地采访的成果。一时间反响热烈,也证明了新闻直播的根本魅力绝不亚于女主播主宰的秀场模式。

网易直播计划的另一个核心是"天网特派员计划",通过地方站和全球特派员的布局,形成全球化、全天候的直播响应机制。目前,天网特派员已经在全球范围内拓展了特派员 507 名,覆盖英国、美国、日本、法国、意大利、荷兰、加拿大、澳大利亚及德国等国家。强模式、强团队、强网店的直播矩阵,是建立重直播的先决条件。

网易直播计划中另一个核心要素是选择 PGC 模式打造深度创生的直播内容生产线。

简单来说，PGC是指专业人士生产内容，而UGC是指用户自行生产内容。例如，秀场直播和前一阵火爆的"快手"平台，显然大部分属于UGC模式。而网易选择以PGC生产的方式打造直播矩阵，显然还是希望走专业、垂直、IP化的内容战略。

目前，网易直播扶持了一大批视频PGC向直播PGC进行转型，希望这些PGC在未来会成为网易直播重要的独家资源。

作为网易直播PGC计划中的顶层架构，网易直播还规划了TOP 100伙伴计划，引入最优质的100家直播PGC，和网易一起打造优质的直播内容。网易新闻对直播PGC将会奉行高扶持、高回报政策，让直播的伙伴享受其他客户端无法体验的优惠，并且网易只保留100家流量最高、社会影响力最佳的PGC，以确保它们获得最佳的收入回报和推广资源。这就是网易直播的TOP 100伙伴计划。

顶层PGC和TOP竞争机制带来的，是IP塑造方面的强大可能性。由PGC自带流量与平台机制发生"化学反应"，将很有可能打造一批新的属于直播的强 IP 序列。目前网易新闻的 TOP 100 伙伴计划已成功制作了不少直播节目 IP，如《鲁豫@大咖》《石述思在线》《明星调查局》《艾问·每日人物》《我在故宫走着瞧》，等等。

PGC 做重，UGC 主轻，这两条路其实没有孰对孰错的问题。反观整个社交媒体的发展历史，反而轻极则重，重极则轻的循环才是正路。如今直播行业 UGC 泛滥，需要的是做重模式快速入场，网易的战略，应该会经受住时间的检验。

## 结束语

狄更斯那句话说得很妙：这是最好的时代，也是最坏的时代。

直播当然不能说正处在一个最坏的时代，但显然它正处在一个最挤的时代。但正是因为挤，众人都堆在一个门前你争我夺，才给那些敢于爬窗户甚至拆墙的人提供了巨大的机会。

屋子里面的人已经知道直播要进来了，准备好了金银财宝，而最终第一个进屋的人，我相信绝不是在门口傻挤者之一。

## 5. 一年两轮融资，斗鱼将充当直播大战收割者？

斗鱼TV以游戏直播为主，涵盖了体育、综艺、娱乐、户外等多种直播内容。斗鱼TV的前身为ACFUN"生放送直播"，于2014年1月1日起正式更名为斗鱼TV。

据说中国获得融资的直播平台有120家左右。而所有人都知道一件事，就是这120家里最多可能只有20家活下来。

这就是中国互联网的残酷和美丽。

从团购到打车再到 O2O，中国互联网市场的特点之一就是最后往往以巨头资本进场收割作为大战的终结。无论当时呼风唤雨或者广泛被业界看好的有多少家，笑到最后的却往往是巨头资本和流量注入的那一家或几家品牌。

直播也是一样，在井喷发展、资本狂热之后，直播行业也很有可能快速进入大战的收割期。直播的收割，只会比实体行业更加残酷和血腥。

斗鱼在 2016 年 8 月宣布完成了 C 轮 15 亿元的融资，本轮融资腾讯是两家领投方之一。要知道，斗鱼的 B 轮在 2016 年 3 月刚刚完成，依然是腾讯领投，间隔仅仅 5 个月而已。BAT 之一背书加上巨额注资，好像是一个非常危险的信号。

这是腾讯要发力收割市场了吗？

本文就来分析一下斗鱼所代表的巨头力量可能如何洗牌直播产业。而小平台面对"收割者"发力，又该如何应对打赢持久战？

直播的"刀"已经拔出来了，生死就在一念之间。

## 直播是头部驱动产业，资金充足的斗鱼能干什么？

中国互联网和中国用户，对烧钱战早已不陌生。

从打车到 O2O，我们经历过私家车主超高能服务，也经历过扫码可以换一切。烧钱真的能解决所有问题吗？下一个风口肯定不是烧钱就能赢的！

然而这种反诘并没有什么用。事实证明烧钱对直播依旧有用，甚至用处更大。

相较于 O2O 等实体相关行业，直播的最大特点是头部驱动。即内容好不好，有没有吸引力从头部一望可知。对于 O2O、打车等行业来说，体验好不好、补贴力度够不够大至少要尝试一阵才能明白。而直播作为娱乐化的需求，其平台流量是由无数自带流量的直播主来决定的，无论是秀才艺、秀新奇还是做内容，直播的核心逻辑都是由头部驱动带动流量的汇入和变现，从而实现娱乐价值、社交价值和商业价值。

在这种情况下，资本在行业中的地位就远超过可以用运营和产品细节弥补的实体产业。在直播日益同质化的今天，用资本的力量打造更多自带流量的优质主播，打通内容源头的发生能力，甚至对优质直播 IP 进行截流，都能成为直播收割战的重要武器。

完成 20 亿元融资，弹药充足并且背靠巨头的斗鱼，在收割能力上甚至比打车时代的滴滴更有优势。

## 版权、IP、生态：腾讯系直播有哪些筹码？

BAT 里，腾讯是在直播投入最大的一家。从自建平台到投资平台，腾讯系旗下已经有 9 家直播平台，对比超然世外的百度和借力合一打入直播的阿里，腾讯系成为收割者的可能性当然更大。

但腾讯想要的肯定不只是对目前产业的垄断，而是对未来的投资和指数级回报。

之前就有人问笔者，腾讯旗下赫然这么多平台，难道不怕平台间抢夺资源和流量吗？笔者的答案是不怕，不仅不怕，甚至还是腾讯想要的推进方式和未来模板。

如今的直播，具有移动化、全民化、生态化的三大趋势。腾讯系不断在直播加注，连续自建直播平台并投资业内头级平台。其构建直播平台生态化联动的目标可见一斑。

腾讯手握的是巨大的版权、IP 和生态体系优势，以及与无数外部资源联动产生新玩法的产业基础。用这些基础，腾讯进入任何一个产业都堪称易如反掌，尤其社交与娱乐是腾讯的大本营。

直播本质上也是人与人的连接，这与腾讯的初衷如出一辙。因此，腾讯用版权、IP 资源和生态赋能的方式不断注入直播平台，占领直播的各个方面，分别构建行业壁垒，可以说是最经济划算的布局方式。

像斗鱼这样的行业流量巨头平台，如果不断注入腾讯的水下资源，与其他腾讯系平台构成战略合力并不断筑高壁垒，其可能带来的"化学反应"难以估量。

## 避免成为背景帝,小平台如何逃避千人斩?

中国人不希望"撕破脸",也不愿意见到死亡。但商业是残酷的,不是你死就是我亡,互联网产业的流量聚集和巨头涌现都只是时间问题。

在面对诸如斗鱼这样有资金、有流量、有生态基础的竞争对手时,小平台尤其是创业直播平台应该如何生存下去?如何逃过所谓互联网的千人斩现象呢?其方法有以下三个。

一是加大重垂直建设。把直播开进相对小众但粉丝黏度非常高的领域。打通平台与粉丝的深度互动感和依存性,并且加重打造头部主播资源。据统计,在一个移动直播平台上对新粉丝有持续吸纳能力的主播只占 15% 左右。小平台以核心主播、特定人群为生存点或许是相对可行的路径。

二是开拓新玩法。事实证明,直播行业的每次重新爆发产业潜力都是以新玩法为契机的。而事实上,目前直播产业的玩法或者说呈现形式还相对单一，同质化严重。如果小平台能快速打开新玩法，进入真实市场，也就有了获得VC青睐甚至跟巨头坐下来谈判的资本。要比巨头想得更远，这是创业者永恒的生存法则。

三是学会战略性放弃。如今的直播有一个尴尬的境地，比如要有美女及要有游戏等。事实上对于初创平台来说，在这两个已经被巨头玩得非常成熟的领域已经难以寻求机会，但这些部分却将耗尽创业平台大部分资源。放弃人长我短，跳出去用另一种眼光看直播，或许才是正路。

## 结束语

直播行业被收割，是板上钉钉的事实。

这是直播行业的基因和巨头拥有的资源决定的。直播的烧钱战和资源战其实还没真正打响，而几场战役结束后必将确立的是一超几强，其余垂直生存的局面。

## 6 70天杀入直播平台第一梯队，梦想直播凭什么？

2017年1月10日，梦想直播在北京国家会议中心召开新闻发布会，公布2017年四大创新战略，并向业内分享直播平台的创新玩法。

人们不禁疑惑，梦想直播或许是直播平台最后一个进场者。为什么梦想直播要如此勇敢地杀入这个行业？

## 首轮融资数亿美金？

让直播行业震动的是，梦想直播总裁吴云松在现场宣布，公司已完成 Pre A 融资，资金规模达到数亿美金。融资将主要用于梦想直播的"直播+"业务拓展，以及一系列重大布局的落地。据了解，此轮融资非普通的财务投资入账，而是投资方的战略投资，投资梦想直播成为几家投资方战略版图上的重要布局。

## 新玩法：三屏互动的矩阵

发布会上，吴云松分享了 2017 年直播行业的新玩法，并表示将在 2017 年纵深推进四大矩阵战略。

第一，"三屏互动"战略。2017 年，梦想直播将重点打通"电视+视频+直播"三屏,全方位突破业内现有的单一内容发布渠道,形成直播与视频网站、电视台的深度闭环。不仅如此,梦想直播还与多家卫视、视频网站签署了战略合作协议,与 BAT 的合作也在进一步展开。

这绝对是目前直播界最新的玩法了!

第二,"造星计划"战略。"大 IP 文娱战略"被称为梦想造星流水线。2017 年,梦想直播将投资 20 亿元力捧有潜力的素人主播,拍摄 1000 部网剧,同时在演员海选、影视剧制作、宣传发布、明星访谈等方面,全流程重度参与。目前,网剧已开始拍摄，选角活动陆续启动，"造星"流水线顺利运转。

第三，梦想直播将深化"IP+内容+直播"战略。2016年年底，梦想直播与国内最大数字阅读平台掌阅达成深度战略合作，以影视、文娱和大IP为依托，共同打造"直播+大文娱IP"的全新商业模式。双方将在2017年共同孵化100部优质IP、100部优质文娱节目，通过内容+直播的模式，实现流量聚合与价值变现，深挖内容价值链条。

第四，梦想直播将持续打造"多元的直播平台"战略。平台上线以来，一直以每周100档精品节目发力优质内容，2017年，梦想直播将不断拓展直播的内容和边界，提升直播平台的内容制造与输出能力。

## 70天挤入第一线阵容，是奇迹也是契机

在2016年，梦想直播凭借创新的商业模式和新奇的打法，

创造出一个个让业界瞠目的奇迹：上线半月，首战"双11"，梦想直播便以9分钟吸金千万元，当日礼物数价值逾5000万元的战绩获得业内瞩目；12月26日，梦想直播成为首个登录纽约纳斯达克大屏的中国直播平台；上线仅70余天，梦想直播上榜权威媒体《互联网周刊》最新评测发布的"2016年度直播互动APP"位列前20名。

梦想直播的市场份额也在大幅飙升，截至2017年1月，用户数量已达300万，日活50万，拥有10万多高颜值主播。

梦想直播的短时间内爆发并非偶然，这家直播平台一上线就展现出超强爆发性的特质，"双11"9分钟吸金过千万元，上线一月用户数超50万，成为首家霸屏纳斯达克大屏的直播APP，其成长速度不断刷新业界纪录，表现抢眼，"被称为直播界最大的黑马，可谓实至名归。"

有业内人士认为，梦想直播实际已经完成内容生产、内容分发和流量引入的布局，形成直播生态链的深度闭环。2017年梦想直播是否会跑得更远、更快？

值得期待。

# 7 语音生态进化下的 YY LIVE

中国最老牌直播平台和泛娱乐平台之一，在 2016 年这个直播风口年的表现一直备受瞩目。在移动直播的强势下，YY 等以秀场直播起家的平台被很多人唱衰。中国直播产业需要的是从不同维度打开直播的全民化风口，各大平台的起点不同、定位不同、积累不同，所占据的机遇点自然不同。很难说孰强孰弱，或者谁距离收割市场的位置更近。

只要没有停下进化的脚步，大家就都有机会。这是互联网的法则，也是直播的法则。

曾在内部孵化了虎牙的 YY 正在加强移动化转型。YY 在 2016 年上半年完成了多方面的升级，其中有一些或将影响到中国直播行业的未来走向。

## YY 的生态进化，被定义为 PUGC 战略

YY 的内容早期是以 UGC 为主打，即大众生成内容模式。其制作门槛低，内容产出数量不但质量较低，并且最重要的是同质化倾向严重，不利于长远发展和生态展开。

于是 YY 此前宣布了其逐渐向 PUGC 模式进化的战略，主打"专业扶持的自由演出"，并更多地与机构进行内容制作上的合作，以优化平台的内容产出质量。

笔者一直强调，内容之战刚刚来到上半场。长久稳定，且能内在进化的优质内容是未来生态战的核心引擎。没有了内容，无论是直播还是自媒体、社交媒体，都将陷入话语刺激的无休止重复，无法获得真正的势能聚集。

YY的做法是，一方面不放弃UGC的传统优势和定位价值，另一方面引入更加专业的制作团队、合作机构来升级内容的专业化。这样兼容并蓄，两全其美，谓之"PUGC"战略。

具体来说，YY的PUGC进化有两个维度，一是外在打开，二是内在升级。

在外在打开方面，YY推出了"直播无限合作计划"，通过与专业团队合作来加快生态化布局和优质内容IP产出。例如，与吴宗宪合作推出《冒险趁"宪"在》；与华策娱乐深度合作；与芒果娱乐合作开展艺人培育和直播PGC合作的直播艺人培育新模式；与PPTV聚力传媒达成跨平台资源整合战略合作，等等。引入强援，进行专业升级。

在内在升级方面，YY推出了"直播公众号"和"频道合伙人"战略，即赋能自媒体平台的直播打开方式。通过强IP和优秀制作团队的入驻，实现平台内部的内容升级。

PUGC模式是直播平台一直呼唤的模式，真正推广度高、认同度非常理想的PUGC始终没有出现，YY的这次战略升级如果成功，为整个行业带来的影响将是不可想象的。

有人把直播平台划分成 PC 直播、游戏直播、移动直播三种，笔者认为这种逻辑非常简单化。从 PC 到移动，是一个时间轴，却绝不是一个产品区划。

移动化本身是技术趋势，在移动设备高度普及的社会共同体下，很难有平台放弃移动而专精 PC，所以说，所有直播平台都必然是移动直播，只是切入点、锁定对象、战略延展的不同。

YY 将"YY LIVE"品牌升级为"YY LIVE"，移动端应用也随之进行改版。目前，YY 移动端用户已超过 PC 端，更令人瞩目的是 Q2"YY LIVE"的营收比，移动端已经占据主要端位。

在笔者看来，YY 移动化之路必然不会是激进、断裂式的改革，或者盲目效仿映客等模式。YY 有自己留存的广泛用户，例如，三、四线城市用户，资深直播观看用户，YY 语音虎牙直播等产品转化的游戏用户。依托对这些群体的了解和积累，YY 的移动发力必然是结合自身优势探索一条新的移动直播战略。

## 新的网络生产力下，YY LIVE 下半场怎么玩？

最近，Analysys 易观推出《中国娱乐直播行业白皮书 2016》，看完这份白皮书的分析报告，笔者认为直播正演变成一场互联网的"圈地运动"。

首先，从以下六个方面的有利因素来看，说明互联网土壤的进化，让直播行业的爆发不是一个意外。

*移动互联网条件成熟*：宽带网络、4G 网络与智能手机的普及，移动互联网的人口红利期，直播条件更简单。

*成熟的政治因素*：2016 年 7 月，文化部出台了《文化部关于加强网络表演管理工作的通知》，国务院新闻办公室发布《移动互联网应用程序信息服务管理规定》。直播平台的内容监管逐步细化，让直播行业不断规范化，拥有良性发展环境。

*社会因素*：网民基数庞大，新一代互联网"原住民"已经成长，"宅男""宅女"对娱乐化消费的需求增加。

*经济环境*：国内 GDP 稳定增长，让国民舍得为内容产业

消费；传统互联网培养出大批"舍得"消费的游戏玩家，这些玩家的一部分阵地已转移到直播平台。

资本的追捧：娱乐直播在一年多的时间里备受资本和网络巨头的青睐。直播平台数量已经超过 300 家，同时 BAT 也在发力直播行业。

变现模式的可行：随着打赏模式，以及直播与电商、企业、培训等方面的结合，让直播变现模式更丰富。

当然，由于传统的直播巨头早早布局移动互联网的直播，以及 BAT 的强势发力，直播格局已经大致成型。从下图所示的娱乐直播月活用户数据就可以看出，YY LIVE、映客、花椒三者竞争模式已具雏形。

| 娱乐直播月活用户规模TOP3：YY LIVE、映客、花椒

2016年4月中国主流娱乐直播APP用户规模分布

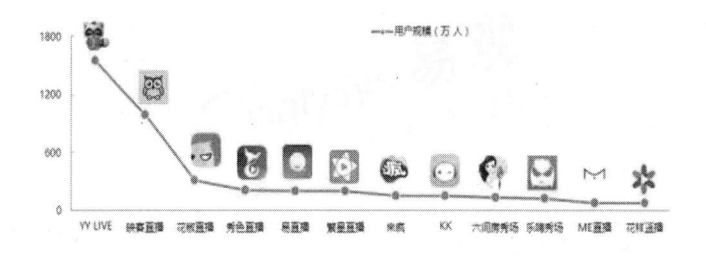

Q 那么这是否就说明直播行业已经进入红海期，直播行业的新进入者就没机会了呢？

## 结束语

当然，在"网红"的同质化越来越严重的今天，必然会涌现更多的玩法和套路。无论"网红"的套路如何，要赢得用户青睐，始终逃不开"人性"的需求。因此，笔者认为直播未来的发展，必然会从"谁来播"转移到"播什么""怎么播"。这一切仍将以"人"的需求为核心，仍然需要以平台作为中心枢纽。

## 8 综艺视频+的来疯直播新玩法

直播行业还在极速变革着,截至 2016 年 9 月,中国市场已经涌现了 300 多个直播平台。不过,据过去 3 个月的数据统计,平均一个观众的停留时间只有 3 分钟,因此,在直播的内容和模式上,急需创新,需要新玩法来增加观众的黏度。

下面介绍一下来疯直播和优酷直播的新"玩法"。

事情的起因是笔者最近看了一档明星直播脱口秀节目《小哥喂喂喂》。这档节目由中国台湾著名的电视主持费玉清打造,并在优酷直播和来疯直播平台播出。节目中费玉清化身深夜情感热线主播,和嘉宾在现场为观众互动排忧解难。

随后,节目的另一个亮点是与来疯直播的美女主播展开互动,解答女主播生活中的个人困扰。原来这其实是双直播平台互动的一个玩法。因为在另一端的来疯直播通过"选拔赛",让女主播参与PK活动,人气最高的主播获得与小哥连线互动的机会。

## 来疯怎么"玩"?

于是喜欢刨根问底的笔者,又找到了这段来疯直播的视频。整个PK活动简直是让人"伙呆",其中细节就不介绍了,单说活动的几个环节名称吧:"口活"大考验(绕口令)、套衣架、帽子吃糖(把糖挂在长舌帽的前面,考验主播舌头的长度)、猛男福利、小哥模仿秀。总之,这个长达一小时的视频,唯一能记得的是机智的主持人汪聪,还有她"囧"的表情。看完视频后感觉整个人都被掏空了。

当主持人汪聪宣布比赛结果时,笔者还是被震撼到了,前两名主播的人气值居然超过了 1000 万。俗话说,互联网的三大生产力:性、无聊和免费。看完这个节目和了解到这个节目的人气值,笔者信了!

来疯直播和优酷直播同属合一直播,前者是深玩浅看,更多的是观众和主播参与的互动。在颜值致胜的直播小房间里,多数观众还是容易陷入主播的撒娇卖萌套路中的。而主播在平台的横向 PK 活动中,"死忠粉"们更是疯狂掏钱包为主播刷人气,帮"女神"去赢得每场战斗。

## 合一的生态战术

相信不久的将来,随着直播行业的竞争越来越激烈,这无疑将产生红海效应，因此，直播平台必须建筑无可取代的核心竞争力，才能在直播领域立于不败之地。

2016年8月，合一集团在其全直播战略发布会上，公布了一些数据。数据显示，旗下的来疯直播在2015年的成绩单：全平台月收入规模过亿元，注册主播10万人，月访问用户突破4000万！

来疯直播凭借什么能够获得如此亮眼的成绩单呢？

主要有以下三大优势。

流量优势：作为阿里娱乐版图的一员，对于来疯直播平台来说，意味着不仅拥有了优酷天然的流量入口支持，还拥有阿里系海量的电商流量资源，等等。

通路优势：依靠集团内海量的明星资源、优质内容资源、各种参演综艺和影视剧的机会，助力主播完成优质内容的同时成就自我。

生态优势：自频道生态目前已经聚集了3000万个自频道，

这些优质自频道的背后有很强创作能力的 UPGC。

这三者结合，保证了来疯直播的流量导入、内容生产，以及展现模式上与其他平台相比有先天的优势，这也是合一直播的生态矩阵战术优势。

## 玩与看："播"的自我概念突破

一直以来有人认为"播出"应对的概念是"收看"。错！大错特错！

在直播逻辑链的生成下，视觉对接被无限实时化。这在本质上改变了播出者与接受者之间的关系、地位、空间生成。

换言之，直播不只是用来看的，也可以通过多种方式产生互动效果。

在合一系的直播序列当中，优酷直播被定义为"深看浅玩"，而来疯被定义为"深玩浅看"。这当然是市场投放、产品定位方面的考虑。但是另一方面，这样的定位也催生出对播概念的补充和进化。

"看"是指直播的内容属性和媒体属性。"玩"的概念则可以很丰富，如娱乐节目式的互动、主播与用户的强互动，甚至游戏类的直播设计，每个围观者都是主播。这将是一种全新的内容逻辑，而来疯貌似准备将之定义为"综娱直播"。

这样双向衍生的"深浅互替"打法，针对的是用户与直播发生联系时的真实需求。一方面很多用户观看直播，需要满足的是对内容、信息、才艺欣赏等的心理需求。而另一方面，由直播的实时连接属性促发的，是用户的另一个需求，即与主播强互动、强社交的"玩"心理，参与者的活动结果甚至需要左右直播的走向。

优酷直播与来疯直播的双层覆盖、交互打击设计，本质上是对"播"这个概念的形态升级，其背后隐藏的行业逻辑令人眼前一亮。

## 生态体系赋能:"播"的外在装甲升级

到现在,直播就像整个互联网战场一样,已经来到了拼生态的时间段。

想要把直播的"播"升级成 2.0 阶段,外部连通和生态赋能就是必须走的路线。具体来说,优酷直播和来疯直播组成的双平台矩阵,其背后是合一在整个视频产业的大生态布局,而更后方则是阿里系的整个庞大生态群组。来疯身处其间,吸收生态能量并进行释放,是其引导产业升级的最可能方式。

从优酷生态的角度看,优酷直播与来疯直播相比至少可以占据如下几项生态优势。

一是优酷自频道的 UGC/PGC 基础。优酷自频道沉淀的 3000 多万自频道,实质上就是大量优质的 UGC 和 PGC 创作者,这些频道主有各项技能、特长、亮点,并且自带品牌流量。这都是优酷系直播"播升级"的内容源支撑。

二是优酷平台的流量和用户沉淀。同时，优酷生态本身即是用户流量、用户付费习惯、用户互动习惯的大量沉淀。打通与优酷的底层合作，并进行来疯、优酷直播之间有设计、有针对性、有新玩法的高频互动，将成为优酷系直播引领行业升级的重要砝码。

三是优酷的版权资源和制作能力。在这个拼IP的年代，头部设计和参与IP制作也是平台间血拼的重要能力之一。目前，优酷越来越多地采用"以投代买"的策略投资影视剧、综艺节目，这就让优酷在头部制作和版权上有了更多话语权。从中衍生的主播的吸引力、对IP的吸附力展现在直播平台都是重要的基础赋能。

如果从阿里系的大层面上来看，无论是电商这个阿里大本营与直播"边看边买""内容电商"层面的结合，还是UC、支付宝、口碑网与直播平台间可能发生的深层互动，都是在流量和变现两个最核心命题上对双直播平台的支撑。用生态做一件事总是很容易，整个阿里矩阵的生态势能，是对直播最好的弹药补充。

另外，来疯直播宣布开展了赋能内容创作端的"疯火计划"，3年投入20亿元与制作公司联合打造内容，这也是吸引生态赋能的重要一环。

拼生态是一个普世真理，直播平台也不例外。

## 社区型强互动："播"的连接力转换

像优酷和来疯这样实行双层定位、精准覆盖的直播平台，还有一个重要的想象空间，就是直播社群连接的打通。

互联网的本质就是连接，人与人、人与物、人与信息的三大连接构成了互联网的基本面。而直播恰好同时满足了这三大连接的模式：主播和用户、用户和用户是人人连接，直播内容与用户是人信息连接，而打通直播电商则完成了商品连接。有连接就有社群，就有基于社群的新矩阵，这是已经被证实过的互联网法则。

合一对来疯的定位是打造"社区型强互动直播"，这个提法或许对于所有直播都有借鉴价值，因为它标示着直播行为的连接力转换。

目前通常意义上的直播，其实是一种点对面的单程互动。而用户与用户之间的互动其实频次很低，这在利用一切连接创生价值的互联网思维来看，是一件十分浪费的事情。如果将用户与用户之间的关系打通，使之发生关系，最终打造成主播、平台、用户间的高互动闭环，或许整个直播的生存模式、商业模式、组织逻辑都将发生质变。

而这个变化的核心就在于玩。由看到玩，由玩到社群，由社群到生态型组织，一种有无数新生连接点的基础模式就此产生。优酷和来疯组成"能看能玩"的双子直播矩阵，很大层面上即是对用户喜好、需求、认可度的重新划分和凝聚，其之后衍生的直播社群玩法才是真正令人兴奋的。

## 结束语

扎克伯格曾说"Live 就像是在你的口袋放了台电视摄影机，所有拿手机的人，都有能力向全世界做推送。当你在直播中互动时，感觉用了更人性的方法与人做连接，这是我们在沟通上的重大进展，也创造了人们聚在一起的新机会。"

产品的本质是通"人性"的，扎克伯格的这段话解释了为什么直播这个风口会火，不仅国内火，而且国外也很火。尽管离未来的"全民直播"还需时日，但在内容的制作、娱乐和"好玩"的创新模式上，各个直播平台已经开始各显身手，并利用自身核心优势去占位了。

在 2016 年的奥运期间，王宝强离婚事件曾一度抢了奥运的风头，一时间对王宝强离婚事件的关注度刷爆了微博、朋友圈和各大论坛媒体。即使在奥运赛场上，大家也逐渐不仅仅关注谁是冠军，更多的是热衷于那些个性选手、明星球员的表现。例如，奥运期间获得极高人气的"洪荒少女"傅园慧，年青一代更关心的是她那些夸张而充满个性的表情包，而很少人去评论她获得的那一枚铜牌。这一切似乎暗示着全民娱乐化的时代已经来临。

所以，当全民娱乐时代的大幕拉开时，平台能否顺应民意，主动降低门槛，让观众拥有更深层次的参与权，将成为未来各家直播平台必修的课题，不过从《小哥喂喂喂》来看，来疯已经开始赋予直播综艺更多的互动基因。正如来疯总裁张宏涛所提到的"全民综艺化"，大门一旦被打开，直播将不再是某一类人群的专利，更多年龄段和兴趣取向的用户将被覆盖。而为了加速这一进程，来疯直播还启动了"疯火计划"，计划未来 3 年间投入 20 亿元资源，与 100 家左右的内容制作公司合作，陆续推出 500 档甚至更多的互动综艺。

这场全民娱乐、全民疯玩儿的直播革命真是越来越有意思了！

## 04 Chapter

# 中国科技直播:
## 第一品牌是如何炼成的

DIRECT SEEDING ▶

## 1. 有一种"千万+"直播,叫"雄出没"

进入这一章,我们来深度揭秘一次关于"王冠雄频道"团队打造直播产品的心路历程。其中有大家最感兴趣的营销变现、直播技巧等完全可以复制的东西。当然也有一些是难以复制的,如直播模式和自媒体矩阵。但在这一部分,笔者更希望大家去理解如何把直播作为一种工具,与自身的优势和特长结合在一起,打造出属于自己的直播产品。直播产品化和内容化从移动直播开始红火起来后,就一直处于被业内外高度追捧的趋势，但是真正能符合这两个要求的直播栏目却少之又少。虽然不敢说"雄出没科技直播"完全做到了，但它至少成功嫁接了流量、品牌、垂直内容三个主要模块。在维持数百万人次观看基数的同时做到了精准导流，为科技产品和互联网企业提供了深度品牌曝光和战略传播，并且逐步建立起了自己的口碑和直播粉丝群落。

"雄出没科技直播"虽然走的是较小众的互联网科技路线，却依旧能获得广大粉丝的支持与慷慨解囊。这背后或许能带给你一套完整的"直播成功学"公式，帮助朋友们占领风口，完成自我的"直播革命"。

接下来就让笔者用亲身经验带领大家走入爆款直播教程。第一步，是从一场 700 万人观看的直播说起。

## 700万人次的科技狂欢：记一场爆款直播

2016 年 8 月 18 日，一张海报刷爆了各大主流互联网社群和近乎所有互联网人的朋友圈。内容是中国十大自媒体、"雄出没科技直播"出品人王冠雄将"携带"一位神秘美女"网红"，前往苏宁大厦的总部内部，爆料一些惊人消息。

因为这一天同时也是苏宁年度最大的电商节，苏宁818发烧节，所以，整个社交网络都关注着这一天KOL们与苏宁的强强互动。

这一天"雄出没科技直播"特别设计策划了让王冠雄搭档美女主播，走进苏宁总部内部的创意性直播方式。通过走播的形式，在花椒、映客、一直播三个平台同时直播，玩了了一次揭秘真人直播秀。

从IT部到客服，从食堂到高管办公室，最后在作战数据中心，"雄出没科技直播"用镜头带领观众一路大饱眼福，并送出了包括三星S7在内的多款礼物，吸引了大批粉丝围观参与并且积极打赏。

最后战报统计下来，结果直接把团队的小伙伴们吓傻。

当天，"雄出没科技直播"在三大平台上共吸引了720万人次观看，收获了760万次点赞，数十万花椒币和金币的打赏。截至当时，这是科技直播领域史无前例的数据，到目前也无人可以撼动。

总结下来，这样的直播一方面强势联动企业最希望引爆的宣传点，满足了企业和品牌的最大需求；另一方面用探秘、冒险、体验，加上大奖抽取的方式来为观众带来紧张刺激的内容享受和观看期待；同时，还将大V在社交媒体上的流量进行了恰到好处的导流，巧妙引爆了社交爆炸和裂变传播效果；当然，美女主播的颜值和期待感也精准地穿插其间，吸引了大批传统秀场直播的拥趸加入了狂欢热潮。

整场直播在三大平台都冲上了当天热门直播前十的位置，并且一度引起服务器宕机。

在那之后，"雄出没科技直播"的能量为大量品牌商看重，并且一天吸粉十余万。要知道直播平台的粉丝留存量本来就不高，观众更愿意通过社交媒体进入直播。而这一场"史诗级"直播显然改写了过去人们对直播流量的很多看法。

此后，"雄出没科技直播"先后为海尔、联想、微软、上汽等大品牌，以及若干创业团队提供过直播服务。通过自身流量优势和模式创新，逐渐成长为互联网科技品类嫁接大众关注的新桥梁之一。同时媒体和舆论也开始热切关注"雄出没科技直播"的品牌效应和快速逆袭。各大报纸和网媒纷纷采访，并且有门户网站打出了"直播就是在等待雄出没"这样的标题。

或许"雄出没科技直播"只是踩在了直播风口的巨潮下做对了一些事情，但在乱局迷离的直播中踩对那关键的几步其实并不容易。尤其当人们瞩目着未来的时候，会看到直播这种形式在资本风口集中爆发后，还有很长的路要走。它更有可能进入一个新的媒介常态中，成为商业、社交、内容、信息流四者间的通行媒介工具。那是一个更大的风口，为了进入其中，必须现在就开始学习直播。

## 粮草与兵马：杀入直播前的准备

首先，讨论一下基于内容和品牌营销力的直播产品，都应该从哪些方面进行准备。要知道，产品化的直播比秀场直播要复杂得多。从内容到变现，再到与其他内容、自媒体风口的链接上，都必须经过详细精密的设计。

所谓三军未动粮草先行。在杀入直播前，一定要先做好以下几个项目的准备工作。

一是平台选择。2016年的"千播大战"，让直播平台一下成为了最火爆的产业风口。但其中很多平台都是伪平台甚至死平台，虽然平台愿意花费不菲的价格来反哺直播产品。但与这类平台合作后期一定会非常无奈。

平台选择至关重要。平台代表着用户，首先要思考你的用户画像是什么样子。他们是更喜欢年轻有活力的表达、性感路线的秀场直播，还是聚焦于内容和知识的学习型直播，再或者是某一个领域的行业直播。

垂直行业直播集中于几个独有平台上，如财经、教育、游戏，等等。而泛化的直播平台各有所长，有的平台聚集的垂直粉丝比较多，如花椒；有的平台与社交网络的衔接最好，如一直播。

在选择一个或者几个直播平台进驻前，一定要从自身所提供产品——用户画像——平台特征这个思路来考虑。尤其要注意的是，平台的战略重心和用户群体也在不断变化，适应变化是目前进场直播的基本素质。

二是准备装备。工欲善其事，必先利其器。直播虽然看起来是个很简单的问题，但也是在各种装备辅助下完成的。

这一点秀场主播们非常重视，但自媒体人进入直播却常常过分关注理论和流量，忽视了好的装备可以给观众带来更好的体验感。

毕竟这是一个拼细节的时代，细节决定成败。

一般来说，直播至少要考虑四个问题：机位、拍摄工具、收声工具和网络。这四个问题也就分别对应着直播架（自拍杆及其他）、手机、声卡及网络提供工具。

选取工具的时候要注意两方面，一是很多手机厂商和硬件厂商都提供了专业的直播手机和直播自拍杆等设备，运用了高科技和环境仿生学来提供直播体验，对效果有显著的提升；二是很多被秀场主播证明有效的"淘宝爆款"其实非常好用，这些所谓的"民间设备"已经被千锤百炼，千万不要小瞧其中蕴含的智慧。

三是思考内容。如果仅仅把直播当做一个展现个人魅力的平台，那么无论多么有魅力的个体，都会很快发现进入了后继乏力的窘境。因为直播不像写作，它需要的是瞬时释放和内容的多元感知，这就极度考验主播的内容设计能力。无论内涵多么丰富的人，在长期直播下都会显出自身内容的重复。

解决这种情况，靠的是对内容的头部设计。例如，你的直播要专注什么主题，这个主题你是否能长期获取可靠的、有料的内容来源，这些内容又是否适合直播。

总之，直播内容设计是一种与视频栏目类似，却又有很多不同的新型内容释放方式。必须以自身特长为主体，思考长时间的内容发生方式。同时，蹭热点、拼创意、标题党这些技巧在直播中也依旧有效，只是区别于自媒体的图文模式，直播的内容引流方式需要更多的打磨。

四是渠道筹划。自媒体产品的推广，有人说是一半内容一半渠道,这个说法有一定的道理。即使你的直播内容再好,如果只是自娱自乐没人知道,也等同于毫无价值。

直播品牌区别于其他社交媒体,但同样也符合IP化传播的战略要求。例如,自媒体传播体系、平台引流、社群引流、种子用户传播,都可以作为直播的传播渠道。这个问题相对烦琐,所以放在下一节详细讨论。

直播品牌扩展渠道另一个需要注意的地方在于,直播的内容实质是随性而零散化的。如何把直播IP从直播场景中抽离出来,变成一个单独IP进行释放,这也是值得思考的问题。或许短视频是一个将直播内容单独提炼并且便于投入渠道传播的好方案。直播与短视频的故事,也放在后面继续讲。

五是场景化设计。这是一个拼场景的时代,移动互联网的时代,让场景成为每个人都无法逃避的社会化命题。电商是场景、社交媒体是场景,直播同样也是场景。如何通过直播平台和你自身内容、渠道来进行有效的场景化打造?

场景包含很多方面:

首先是你希望直播产品给用户带来的认知,即直播产品的设计和布置，尤其是从用户的角度看你的直播。

其次是整个直播体系最终生成的魅力人格体，这一点很重要，若希望直播能效果最大化，那么就不是仅仅为了直播自己，而是让直播中呈现一个被预先设计好的人格。这个形象生动且有张力，会为你的直播产品加分无数。

最后是与商业化的连接，毕竟做直播是为了赚钱。内容变现也没有任何可耻之处。为了避免强行变现给场景体验带来不适感，削弱品牌留存，就需要直播出品人在最初就设计好直播的商业场景，保证在直播效果出众的同时可以有持续商业回报。

另外，细节其实也决定了你的直播场景。一种声音，一个摆设，一种光线，其实都对直播场景有非常大的塑造作用。关注直播细节，制造场景暗示往往可以起到巨大的撬动作用。

六是适应规则与潜规则。很多以内容见长的自媒体人、企业家和其他成功人士，都愿意尝试直播。但同时他们却不屑于理解直播平台的游戏规则和既往观看直播的用户群体间的潜规则。

其实这非常危险。不尊重游戏规则的玩家,最终一定被规则淘汰。很多看起来莫名其妙的套路,却是直播平台遵守的法度,即使要改变,也需要漫长的时间和过程。

例如,直播平台的打赏、点赞、游戏互动和各种排行榜、积分榜,这些都是有效提升直播节目吸引力,收获平台红利,吸引潜在用户的方式。而且每个平台的游戏方式不一样,必须仔细研究和认真体验。

再比如说直播间的潜规则。新人进房间时,主播必须问候,有礼物打赏要适当回应,这些都是直播中约定俗成的礼仪。其实这也是主播在对众传播信息时必须做的交互关系维护,只有这样才能让用户感觉到参与感,从而增进平台黏度。其他比如说面对开玩笑时怎么回应、面对谩骂时如何维护秩序,都是主播和产品策划者应该学习和思考的方向。直播的能效很大程度上体现在互动规则当中,对直播有兴趣的话,一定要看到直播规则更深层次的合理性与深刻变化。

以上六种,是一个直播产品所必须做的准备工作。其中包含客观存在的准备,但更多是思考与想法上的准备。《一代宗师》里说赢了人却败给了想法,现实当中何尝不是如此?

短暂的流量聚拢和效益火爆很可能让出品人误以为已经胜利，但如果想法跟不上，看不到远处，风口退去之后的失败一定就在不远处。

从以上六个步骤来思考直播产品，然后再进场直播，或许你将看见一个完全不一样的直播江湖。

## 场景导流＋品牌效应：垂直直播市场可以如此大

直播风潮开始后，有一个疑问就一直贯穿于整个媒体圈和直播圈：垂直直播到底有市场吗？

这个问题引发了千奇百怪的答案。对此笔者不想保持客观中立的态度，而是要用"雄出没科技直播"的亲身经历告诉你：一定有。

想要从根源处看清这个问题，就要从更高层次的问题开始思考：垂直直播究竟是如何定义的？

所谓垂直直播，只能是与泛化直播相对应的。而泛化直播是什么呢？事实上，泛化直播一般意义上指的就是从 PC 秀场时代留下的模式和变现方式，只是工具换成了手机而已。这种直播方式因为出现时间早，成为了一大部分人的早期认知，继而就被定义为直播的标准生态。

这其实是非常荒谬的。直播是一种沟通工具，就跟图文、视频、户外广告一样。不能因为户外广告上美女出现的比较多，就把所有户外广告等同于美女经济。直播也是一样，其本质是对影像内容的同步传输。可释放的内容千变万化，千万不要被既成市场事实给误导。

所谓的垂直直播，其实就是内容多元化、主播多元化、形式多元化的"三化"直播。从长远来看，这样的直播产品必将占领主流。当然，以美女"网红"为主流的秀场直播也不会消退，毕竟人群对性感和陪伴感的消费风口才刚刚开始。与其争论谁生谁死，不如思考更重要的融合和再创造。

顺应市场并且改变市场才有未来，任何商业体系都是如此。

垂直直播会发展壮大，也有自身的优势和趋势。

例如，垂直直播代表着精准的用户群体。对于考研党来说，在线直播类的教育肯定比上大课效果更好，互动性更强，同时也比一对一辅导经济划算许多；对于股民来说，在线直播作为一种可以互动、实时性极强的交流方式，是最好的吸收专家建议的方式。而这两个精准的用户群落，指向的就都是垂直直播这个大市场。

精准的锁定代表着精准的变现，与其争夺秀场主播模式下可怜的变现渠道，不如通过种子用户和传播裂变，自己创造风口和商机。

另一方面，垂直直播代表着自带流量优势。例如，在打造"雄出没科技直播"时，团队就从自媒体矩阵和社群基础中引来了第一波关注者。他们为整个直播带来了第一波流量，也让"雄出没科技直播"从开始就成为了爆款，增强了团队自信和市场对我们的信任。

此外，最重要的是，垂直直播代表着直播最好的变现方式：链接行业和品牌。

直播有多重变现方式，主要分为平台反哺、用户打赏、广告分成、电商引流四种。但是细致分析的话不难发现，这四种模式各有自己的"天花板"，想要诞生自媒体大号一样的巨型流量主十分困难。

平台反哺太过于依赖平台红利，甚至很多平台反哺的经费都来自快速烧干风投，这种杀鸡取卵的做法虽然留住了主播和内容，但对直播产品的长期发展有百害而无一利，尤其容易耽搁直播产品寻求变现出路的契机；用户打赏是秀场模式主播的主要经济来源，但这种模式非常依赖于用户对你的黏度。用户一旦失去对产品的兴趣，持续商业化非常困难。而且免费概念依旧没有从国人消费者脑中被彻底驱逐，打赏收费真的不高；广告和电商变现被认为是直播比较好的变现模式，但是这个转化逻辑却很残缺。主播拼命夸一个产品好，并不能证明这个产品真的有价值。毕竟对主播的喜爱不像对明星的喜爱，决定消费决策的最终是产品本身。

在这种情况下，利用场景化、内容化风口为行业和品牌进行直播导流，就成为直播最好的变现方式。

说它是最好的且没有之一，是因为它一方面占据了直播的媒介变革风口，可以为企业和行业提供最大限度的曝光量，一方面它有垂直的内容和体验,可以让消费者真正感知到行业和企业的优势所在。在优质内容和行业专家身份的加持下,这个生意可以被做得无限大。也只有垂直内容＋产业链,才能在最短时间内诞生巨型直播IP。

反过来从广告主的角度看,品牌之战的下一场焦点战役也一定会在直播打响。因为电视和传统媒体的流量已近枯竭,而社交媒体和新媒体的流量又在这几年的争夺下趋向饱和状态。在短视频和直播风口中,企业看到了新的品牌扩散机会。但是有粥还要有碗盛,垂直直播产品的自身成熟,就是迎接品牌流量爆发所需要的那个碗。

基于上述对垂直直播和直播大市场的考虑,因而打造了"雄出没科技直播"的独特产品。事实也证明,它的出现受到了行业和用户的双重欢迎。这种直播产品的成功或许预示了这样一个未来:内容驱动、矩阵式驱动、精准用户驱动的直播纪元。

## 2 内容+颜值的破局之道

虽然直播风潮涌起,但也陷入了泡沫、低俗等负面话题中。原因在于,当秀场直播成为主流时,直播内容核心维系于主播的"颜值"上,受众也多为无所事事的男性。这样一来就集齐了"性、免费、无聊"三个因素,不论是主播还是直播平台之间,都难找到具有差异化的核心竞争力。

一方面是主播和直播平台差异化竞争力的匮乏,另一方面则是直播平台和主播对于流量的过分依赖。对于双方来说,最主要的变现模式就是广告露出和粉丝打赏。而这一切都基于流量之上。足够的流量，意味着更高的打赏率，也是品牌主的投放参考。

说到底，直播对于眼球经济还是有很强的依赖。在这种依赖下，主播为了吸引流量，可谓使出了浑身的解数。往常的唱歌、跳舞越来越千篇一律，一些主播甚至开始不断超越道德甚至法律的底线。曾经有一段时间，直播平台不断爆出主播走光，甚至"直播造人"等无节操的新闻。

其实这正是利用了人的阴暗心理，人们对色情、猎奇、超越伦常、审丑的事物有着天生的好奇心。这些通过摄像头和粉丝们连接的主播又极善于满足人性中这些晦涩的乃至见不得光的需求。于是走光、鞭炮炸裤裆、生吃虫子这类内容开始越来越多地出现在直播当中。主播靠着这些赚了大量打赏，直播平台也获得了可观的分成。可这一切都给社会传达了一种扭曲的价值观，也促使直播审查制度加快落地。

如果说直播的乱象来自于内容的单一、对眼球经济的过分依赖，那么当审查制度出台时，是否意味着一直加速跑的直播即将走到尽头？

对这一问题，主播、直播平台和其他内容创作者都在考虑。对于主播来说，如何通过更丰富的内容表现形式提高个人势能，形成更主动和多维度的内容才能在变现方式上有更多的话语权。直播平台则对这一点最为紧张，打造创新性、具有壁垒性的内容，形成差异化竞争优势，在监管来临之前尽早摆脱对娱乐直播的过度依赖，才能让平台在红海直播中脱颖而出。至于其他内容创作者，大多都看中了直播这一风口的趋势，希望借助直播的流量实现 IP 的打造。

在内容上，专业直播被视作最具前景的一种。知识、教育、科技、财经类的直播产品正逐渐出现于人们的视野中，主播不再仅仅是与粉丝互动，用外表和猎奇行为吸引粉丝，而是向粉丝传播自己在专业领域的知识。这样一来，主播就可以依靠自己的知识能力、范畴形成和他人的区别，直播平台也可以更加垂直化，趋向细分蓝海市场而避开红海竞争。

专业直播的局限有两点。一方面，相比会与粉丝互动、高颜值的娱乐主播，专业领域的主播虽然具有足够的知识，却缺乏表达和互动能力，很容易让粉丝感到枯燥和厌倦。另一方面，先不说用直播这种形式展现知识是否真的比图文、音频更加合适，专业行业的大V在直播时，吸引到的常常是自己的固有粉丝，如果和品牌合作，很难利用直播平台的势能为传播做加法。对于品牌商，也很难看到投放专业直播和图文、视频等渠道区别——虽然形式不同，但受众是同一批人。

那么有没有一种可能，让专业直播也娱乐起来？在内容方面，既保证知识含金量，又能通过互动性和趣味性保证粉丝的留存。对于主播，也能吸引更多原来势能圈以外的粉丝来实现人气的打造。更重要的是，让品牌主既能传播详细的、有干货的品牌信息，又能利用直播强互动性、强流量聚集的渠道特性实现曝光。

目前流行的方式有几种，一种是利用名人效应，如雷军、高晓松等专业领域名人或知名企业家做直播，因为这些人自带各个领域的粉丝，又身为名人，具有话题性，能吸引来自然流量。同时，其在专业领域的建树也能满足直播的专业性。局限在于，这些名人很难拥有足够的时间坚持做直播，大多是玩票性质，且名人属于稀缺资源，很难让品牌加以利用，另一种则是针对性地培养相关人才。现在在很多"网红"经纪公司中，会有对相关主播的培训，这样主播就能具备专业知识和直播技巧。但这种方式一是需要主播耗费大量的时间和成本，二是只适合游戏、美食等领域，对于科技、财经等领域来说，则需要长时间的积累，而无法通过实践速成。

当然，在行业对于专业直播的探索中，也逐渐见到了不少成效。

**案例：**

2016年8月18日，中国十大自媒体之一、著名互联网观察家王冠雄带着本期"雄女郎"来到了南京苏宁总部。他和美女主播并不是单纯来参加"苏宁818发烧节"的年度大促活动，而是用移动直播的形式带给了数百万粉丝一场完全别样的科技直播秀。

很多长期关注互联网行业的粉丝都好奇，电商大促时的企业内部真实情况是什么样子？而这次王冠雄就搭档美女主播来到苏宁总部玩了次揭秘直播秀。从IT部到客服，从食堂到高管办公室，最后在作战数据中心，"雄出没科技直播"用镜头带领观众一路大饱眼福，并送出了包括三星S7在内的多款豪礼，吸引了大批粉丝围观参与，大呼过瘾！

据悉，这是继强势直播海尔小帅影院发布会、带来170万人次观看之后，"雄出没科技直播"的第二次尝试。战报发布之后十分令人惊叹，"雄出没科技直播"在818当天，花椒、一直播、映客三大平台上共吸引了570万人次观看，收获了760万次点赞，以及数十万花椒币和金币的打赏。这在科技直播领域是史无前例的数据。

据悉，由"王冠雄频道"原创的"雄出没科技直播"在中国互联网首创了"大V出观点+'网红'出脸"的组合直播模式，成为几十万人观看的网上发布会，且受到越来越多企业重视，也引来许多同行的效仿和跟进。目前"雄出没科技直播"已经和微软中国、苏宁易购、海尔、爱浪科技、广州车展等多家知名企业进行过合作。

570万人观看，这样的成绩不光在科技领域，即使放到娱乐直播中也是相当强大的数字。企业对于直播这一传播形式有着很大的兴趣，在企业发布会上，常常能看到很多"网红"拿着自拍杆坐在第一排，令人尴尬的是，"网红"虽然有很多粉丝、外观条件好、会互动、有镜头感，但其在专业领域知识的匮乏却常常造成一些错误的信息传播，已经出现过不止一例主播在发布会上直播时出现错误讲解的现象。而请科技专家、资深媒体人来直播又难免枯燥。

"雄出没科技直播"则把两者结合起来，让互联网专家和"网红"搭档，一个负责吸引粉丝进行互动，另一个负责专业讲解。双方若配合默契，还能擦出反差萌的火花，最终造成了现象级的流量奇迹。同时还让行业了解到，原来直播也可以不猎奇、不打擦边球，既具有干货，又能和行业、品牌高度结合。

那么，未来"雄出没科技直播"这种形式是否和很多业内人士一样会成为直播的主流呢？

目前来看，未来的直播形式可能出现以下三种分化。

第一种，娱乐/泛娱乐直播。和现在一样，以秀场直播或带有社交性质的为主，当然随着法规的完善，娱乐直播在内容方面会更加规范化。这种类型的直播还是旨在收割人们的闲时流量，变现模式也还会以 C 端打赏为主。

第二种，初露苗头的直播节目。将初露苗头的直播可以看做一种新型的综艺节目，集合明星、"网红"等多种头部资源，依靠 IP 势能吸引流量。这样的直播形式源于内容跟随流量变换分发渠道，和从纸媒到新媒体、从电视综艺到网络综艺的逻辑一样，未来直播综艺很有可能成为主流。这类直播的变现模式可以参照目前综艺节目的变现模式，植入广告、口播广告，当然也包括粉丝的打赏、送礼物，等等。

第三种，类似"雄出没科技直播"的模式。这样具有知识类、讲说性质的直播节目集中了大 V 和"网红"两种头部资源，形成了不同人群的交汇。这种直播形式更适用于和企业结合形成一种"原生广告"，结合企业发布会、活动、产品体验等，既有"网红"充分利用直播这一分发渠道特有的互动性和娱乐性来活跃粉丝，也能让大 V 的专业讲解对企业信息进行正确易懂的曝光。把发布会做成一场有趣的直播节目，让受众在欣赏直播、获取知识的同时潜移默化地接受品牌想传达的信息。企业合作也是这种直播形式主要的变现模式。

总而言之，大 V+"网红"这种直播形式仅仅是对直播场景的一种探索，但其内核逻辑是正确的。以变现为出发点（为企业提供服务），以正确方式吸引流量（知识传播），充分利用平台特性（互动性）。同样的逻辑，也可以应用于娱乐型直播和综艺直播。

当然，还有很多直播在本书中没有进行相关讨论，相信各界、各行业在对直播这一媒介形式进行探索时还会诞生许多新物种，也会为整个行业带来更多的新想法和新方法论。

## 3. 直播产品如何做到差异化：或许我们能从"快手众"那里学点什么

当人们论断直播大战必然造成大面积死亡，或者说判断行业水分的时候，最核心的依据是什么？

得到认可最多的答案应该是：直播依旧没有走出"美女+无内容"的同质化瓶颈。

虽然各家平台和媒体都在探讨直播的垂直化和内容化，奈何从直播平台爆发到现在，依旧看不到口碑与流量俱佳的直播栏目，以及依靠直播大红的个人 IP。究其原因可能有如下几个。

一是新闻、知识、教育类内容太严肃，与一般用户打开直播时的心理动机不符。

二是长时间＋职业化直播，让"网红"主播的表现内容大量反复雷同，导致用户的抛弃成本大幅降低。

三是平台将重点放在品牌宣传和已有流量的主播资源争夺上，对整体内容生态的把控力度不足。导致无论主打何种模式的直播平台，在一段时间运营后都会又变成无内容美女帅哥的天下。

一方面，行业普遍认为直播的水分大，美女眼球经济不能长久，但又拿不出相应的解决方案。这是今天所谓直播 3.0 最尴尬的问题。另一方面，是神秘的快手和"底层主播"在快速席卷用户存量。这个从一开始就被冠以"残酷""荒诞""无法理解"等标签的体系，其实从一开始就被当作社会问题而非产品问题来分析。

如果我们把一切"城乡二元对立""文化冲突"之类的

议题都抛弃，快手等软件可能是这个样子：主页上没有美女；相邻两个视频近乎没有相同点；用户极端活跃，且有追随感。

或许单纯从内容生态上来说，所谓"底层直播和视频主"已经做对了一些事，并且是以明星和美女帅哥拉动流量的移动直播平台，需要快速学习甚至模仿的。

## 情节连续性+故事感设计：直播如何产生群落黏度

娱乐的本质，是以虚构表现形式刺激人脑的复合快感。而所有快感种类中，能最好调集多酚胺分泌的就是悬念。

直播的本质是媒介的无限实时化，换言之也就是根本无法剧透的表演。所以，这种媒介方式也是悬念的最佳温床。

主流的综合类直播平台，是严重缺乏悬念设置、故事设计的直播。主播最多在直播结束时预告下次直播的内容和看点，却忽略了把直播变成故事，留存悬念的可能。

然而，这个深邃的套路却被广大农村主播率先挖掘了。在讨论快手现象的时候，有一个焦点在于快手上的很多炒作令人震惊到无语。但如果抛弃暴力、狗血和性的外衣，很多快手案例却堪称对UGC视频情节连续性和故事设计感的经典案例。例如，对骂约架，无限趋近真打但又打不起来；又如，偷情的、劈腿的、为爱砍人看破红尘的。

敢于把炒作做得更彻底的主播，所播出内容实质是自编自导自演一段时间内的虚构剧情。观众在不断刷新三观的同时真正实时经历了主播的不可逆变化，见证了整个故事的跌宕起伏，并且不断在其中享受悬念带来的快感。

日本娱乐界率先使用了"与偶像共成长"模式来打造娱乐组合。其实直播也是一个道理，直播区别于电视的核心要素即在于用户与主播的"共生关系"，双方都在经历不可逆的时间纬度和社交空间。

这在技术上是直播的最大优势，针对白领的"故事＋直播"，或许是一个有趣的尝试。

## 观众决定走向是直播最大的传播成就

快手的生存法则中，最简单直接的一条就是只要点赞够多，主播什么都能干。

这当然是一个很危险的信号，敢于报假警、砸警车的"熊孩子"也纷纷得不偿失。但其中蕴含的运营理论却值得整个直播行业深思：观众决定主播行为，甚至能决定整个故事走向。

西方戏剧中一个重要概念，就是第四堵墙的存在与拆除。当面向观众的这堵"隐形墙"被拆掉的时候，整个戏剧历史发生了史诗级的变化。观众可以影响舞台，可以与演员互动，甚至成为整个表演的一部分。

而从传播进化的角度看，直播最大的成就在于拆除了屏幕所造成的"第四堵墙"。用户的声音可以被主演听到，可以与主播形成社交关系。但目前的主流移动直播，主播互动的方式主要还是"宝宝来了""谢谢宝宝打赏"这两种。

由于本身内容的匮乏，观众与主播的相互影响机制非常单薄。当然，所谓"底层直播"的影响机制也是相当简单的，主要形式还是赞赏达到多少换来主播做什么。但由于主播提供了选择，用户的自我能见度得到了显著提升，而人性中的参与感也得到了极大的满足。这可以说是野蛮生长阶段的直播互动方式。

但这种模式打开的想象空间却非常巨大。

对于消费能力更强的城市人群、白领人群来说，简单的点赞显然并不能满足审美。更有游戏技巧、让用户成为选择者，甚至让用户推理猜测的直播可能效果更好，尤其是引导用户支付变现的方式会得到质的提升。

## 人格多元化与行为识别

打开快手首页，你会看见一大波各不相同的头图。根据笔者的实时统计，前 20 个视频包括餐饮教学、美妆教学、宠物、健身、搞笑、游戏，以及大量无法判断的视频。

而同时打开几个主流直播和短视频平台的话，前20位基本是大量美女＋少量帅哥＋极少量明星直播。

这里面蕴含的深层逻辑，是主播希望以何种方式让用户识别出自身品牌。

行业在审视直播内容的时候，经常陷入才艺和容貌的二选一问题里。但如果分析"快手红人"群落，会发现他们的行为识别非常突出：才艺、教学、口才、勇气、演技都有。而人格也相对多元化：搞笑、暴戾、软弱、粗俗，因为只有更加独特才有可能获得关注，哪怕是设计也要设计出独特性格。

这其实很像微博等社交媒体发展到中后期的现象，在前期的类型化账号"跑马圈地"后，只有更加注重识别感和人格设计感的账号主体才能脱颖而出。

直播的内容瓶颈，在于"网红"模式在人格和内容提供两方面的薄弱，而改变现状的方式或许可以像套路更深的农村直播一样：塑造多元人格和行为识别标志。

说白了就是主播必须先想明白自己要扮演谁，要做什么来扮演TA……毕竟所有直播营收环境都将是极其残酷的，不分农村或城市。

## 无罪的猎奇审美

还有一点需要搞清楚，在我们去悲悯甚至惧怕"快手众"的时候，往往是因为其中的主播和用户都过分猎奇，乃至挑战了很多都市白领的认知底线。

但需要说明的是，猎奇非但无罪，甚至是近乎所有直播用户在内心层面深刻渴望的。

作为一种视觉效果绝对比不上录播，比不上电视与电影的视觉交互形式，直播提供的是实时窥探他人的机会，从本质上它所满足的就是猎奇欲望。

从笔者自己做直播的经验中就可以发现，往往是直播中出错、有一些直播外内容插入的时候流量最大、互动也最多。

因为用户本身就不是来看排练好、照本宣科的节目的，大家都在渴望小混乱，渴望看到主播与用户一样真实的一面。

在强调直播内容的时候，很多平台和主播都在强调直播的知识承载、话题精准，以及主播的良好控制——但这些都在阻碍猎奇。

允许混乱，允许在条规许可下的突破想象，让用户和市场自行去选择猎奇底线，甚至有意识支持带着一丝危险与混乱趣味的直播 IP 发展，可能是农村主播带来的另一个有益启示。

其实 YouTube 的"网红"主播，或多或少都带着一些猎奇感。并不是说外国主播有才艺而中国主播没有，核心差别在于他们敢玩并且能以此获得平台支持。虽然快手上聚集了一大批更敢玩的主播，但以白领和学生为受众的直播，却只被美女模式"麻木"而忘却突破"勇敢"。

## 以线下社交空间建立起的传播体系

农村主播和视频受众的快速繁荣,离不开一个重要的场景,就是务农者返乡。

春节、秋收等返乡潮,造就了直播和视频模式,以及相关软件在农村地区的快速铺开,基于左邻右舍、乡里乡亲的关注度,也给大批主播带来了最基本的心理支撑。

这个良性循环让快手打开了基于线下社交空间的传播流程,而且这一流程巧妙地嵌入了中国特色的人员流动中。

从传播维度来看,直播的模式是一点对多点传播。而用户之间很少有线上的交互机会,这种情况下,线下推介平台、主播和内容可能会是唯一有效的传播方式。但同时应该能感受到,身边的朋友、同事很多人讨论朋友圈和微博上的内容,却极少相互讨论直播:一方面是因为没什么好说的,另一方面是因为内容导致了羞于启齿。

通过快手等软件传播的案例，或许能为直播软件获取用户带来新的思考：是不是可以让用户乐于在线下交流和分享直播内容，是不是可以让直播嵌入进中国人的生活方式，去与电视、社交网络、红包甚至麻将争夺节日流量。

直播生态的优化，一方面会来自用户群对内容的疲惫，另一方面也会来自平台的自我塑造。思考直播改变了录播短视频和点对点视频的哪些技术层面，或许是理解直播内容生态的最佳方式。

## 4 互动技巧奠定直播质量

前文介绍了很多有关直播目前的风口盛况、变现前景、行业变化趋势,等等,可是很多人更想知道的是,如何办好一场直播。很多时候邀请了有分量的大咖,开设直播活动却只有很少的流量。或者有时候刚刚开直播时涌入大量用户,但留存率极低,来看一看就走了。相反,一些在其他平台没有什么知名度的播主,一打开直播间就瞬间吸引大量粉丝。

办好一场直播究竟有没有可以参考的方法论?难道只能和职业"网红"一样,把直播当成工作,每天耗费大量时间在直播中?对于想利用直播实现品牌传播的企业,能否有速成式的直播指南,让直播既有逼格又能实现品牌曝光呢?

通过"雄出没科技直播"多场实践探索,可以总结出直播活动专业+高曝光的诀窍。虽然不能保证让所有沿用此方法的人次次都实现"雄出没科技直播"的流量奇迹,但也不失为一种参考方案。

首先是准备工作,想要做好直播,事前的准备往往比直播时做了什么更加重要。

### (1) 社群搭建

"社群"这个词源于拉丁语,有聚焦、义务之意。不仅仅是直播,任何一种传播形式都离不开社群的帮助。不管是企业、品牌还是个人,建立起社群对于直播有很大的帮助。

具体操作形式为,在直播开始的前一天,由群主@群内所有人,说明直播主角、活动、时间、平台和活动福利,号召群成员来观看。在直播当天前 6 个小时再重复以上动作,当直播开始时,群主立刻将直播间链接发到群中,号召群成员观看。当群内流量导入直播平台时，一些直播平台会依据算法判定该直播为优秀直播，给予一些推荐位，这样就更利于流量的积累。

（2）社交媒体传播

除了搭建社群，在其他渠道对直播活动进行宣传也是十分重要的。例如，微信、微博等社交媒体，现在很多直播平台都支持分享到社交媒体中。这样做不仅能辅助流量累积，很多平台还会根据分享次数来调整推荐权重，除了主播自己分享外，还可以号召粉丝来分享。

除了在社交媒体分享直播链接以外，还可以采用海报、新闻稿、图文等形式对直播活动进行二次传播，对于很多企业活动来说，尝试直播这种新玩法的行为本身就是个新闻点。预热、活动、复盘的逻辑可以实现直播活动的一鱼多吃，最大程度地降低成本以实现高度曝光。

（3）道具

和企业发布会活动一样，直播活动中也要充分准备好道具。

一是直播架。动辄一两个小时的直播当然不能靠手拿手机，因为手拿手机，不仅稳定性不强，而且也妨碍了视距调整和主播的动作。一台稳定的直播架是必需的，自拍杆和能架设多台手机的专业直播架都可以考虑。

二是补光道具。手机前置摄像头成像能力有限，很多时候发布会现场灯光很昏暗，这时补光道具就是必需的。补光灯、补光板都可以根据现场需要应用。

三是服装。手机前置摄像头感光能力有限，很多直播平台又自带色调调整功能，服装颜色的选择很重要。在一些阴暗的直播场合，尽量选择浅色服装，而在光线强烈的室外则要选择深色衣服以防止过度曝光。同时，尽量选择高饱和度颜色，视觉效果美观，避开那些裸色、驼色等和肤色接近的颜色，不仅会显得脸色不好，很多时候和肤色过于接近还会发生很多尴尬的情况。

四是充电宝。直播会大量消耗手机电量，两小时的直播加上前期测试，很容易让手机耗光电量，所以，应准备好充电宝以备不时之需。

五是手机专用收声设备。当手机架在直播架上时，由于距离限制，很难实现完美的收声，加上有时候活动现场会有音乐等嘈杂的背景声，连接收声设备有助于信息的无干扰传达。

（4）脚本

直播活动和平时的社交直播不一样，直播活动往往配合着企业活动，有固定的流程，不能光靠和粉丝聊天混过直播时间。加上对传播信息的需求，准备好直播脚本是必需的，不然场景会十分尴尬，给粉丝留下不好的印象，也很难满足传播需求。

直播脚本最好以 5 分钟为单位，精确到哪一阶段需要做什么事，包括台词都要提前准备好。主播必须提前对词，如果对台词记忆困难，可以准备提词卡等辅助工具。

（5）提前踩点

直播活动和普通直播还有一点不同，很多"网红"都是在家中或专业的直播间进行直播，而企业直播活动几乎次次场地都不同。直播架架设在哪儿、光线如何、面向舞台的视野如何等问题都要经过提前踩点考察，才能保证直播过程中的完美和万无一失。

### (6)网络

这一点可以说是直播活动最大的前提了,没有网络做什么直播?可是直播时的确常常出现断网的情况。提前向主办方询问是否有 WiFi、4G 信号强度如何、是否为直播提供专用网络,包括到现场时也要提前测试网速,等等。

做好以上准备,就可以安心地开始直播活动了。另外,直播活动中也有以下几点注意事项。

### (1)语速

直播中争取用户注意力,有点像群体面试中争取面试官的注意力。用户给你的时间很少,很多时候用户都是进来看一两分钟,觉得没意思就立刻离开。这就注定了主播的语速不能过慢,更不能出现好几分钟都不说话的情况,一定要在用户看到你的那一两分钟提供足够多的信息量,吸引并留住用户才能实现传播诉求。当然,语速也不能过快,无论对于主播还是用户,长时间的快语速交流都是一种负担。

### (2)提示

用户打开直播平台会看到大量直播间,他可能会随意点开一个并留下。也就是说,用户可能在直播的任何一个环节加入。最糟糕的情况就是，用户没有留意直播间名称，或直播间名称没有详细表达活动主题，用户看了半天也不知道这是在干什么，彻底丧失了传播意义，只是白白热闹一场。

这时就需要主播间歇性地向用户重复活动主题，一般每隔 15 分钟提示一次最佳，如果流量过大也可以适当地提高频率。

（3）时长

直播的时长也很重要，时间过短无法累积流量，过长则挑战主播的生理状况。直播时长应根据企业活动时长确定，以 1~2 小时最佳。当然，如果企业活动时长超过了这个区间，直播时长最好不要跟着改变。1~2 小时不会让主播过于疲惫，也可以传达足够多的信息量。

（4）互动

互动是直播的精髓，也是直播和以往传播形式最不同的一点。用户可以和以偶像形象出现的主播实时文字对话，对于用户来说，给了他们一种很强的参与感。直播活动中增强互动可以保证流量的留存，也能保证直播活动的效果。一般来讲，企业直播活动以讲解、分析为主，通常每 10 分钟和观众互动一次最佳。一般的互动方式有以下几种。

第一，向观众提问。根据目前活动情况，向用户提出问题，如是否看好这个产品等和活动相关的问题。在传播品牌信息的同时还能活跃气氛。

第二，回答观众问题。互动都是相互的，用户常常向主播提出很多问题。主播应适时地回答问题，尽量不要有所遗漏，以保证用户的参与感。

第三，抽取奖品。抽奖是直播活动的重头戏，一点小奖品不但能保证直播观看的人数，还能保证用户的留存，更可以通过奖品实现品牌传播。"雄出没科技直播"的经验是准备三次抽奖，平均在直播活动的三个节点中，以提问抢答的形式发放。

有了这些准备和直播时的步骤，这场直播已经足够专业且足够吸引人了，除了这些必备须知以外，直播中还有一些可以增加效果的小诀窍，下面也悉数为大家介绍。

### 技巧一：要学会维护和直播平台的关系

对于直播平台来说，企业活动直播对于其内容丰富程度有很大的提升,他们是很乐意看到这种直播内容的。平时可以和直播平台的商务、媒介等加强联系,提前告知对方自己在何时会推出直播活动,争取推荐位。当你为直播平台贡献了更好的内容时,直播平台也会拉着你一起参与一些联动活动,对于粉丝累积和传播都有极大的好处。

### 技巧二:要和其他主播串联

现在很多直播平台都推出了串联直播功能———两个主播共享直播空间,如果觉得直播活动话题不够,可以邀请其他主播进行异地连线,不光能在两个直播间获得曝光,对于用户来说也是一个具有吸引力的新玩法。

### 技巧三:要多平台直播

很多企业在直播时只认准一个平台,认为没有精力在多平台间进行互动。现在的直播平台很多,多个平台只不过是多一部手机的事而已。目前最大的直播架可以同时架上 8 台手机,也就是可以同时在 8 个直播平台进行活动。建议企业在做直播活动时尽量选择多平台直播,以获取更多人群。如果无法顾及这么多平台,可以选择 3 个左右的平台做主要的互动、维护平台,其他平台任由流量自由来去即可。

未经许可，不得以任何方式复制或抄袭本书之部分或全部内容。
版权所有，侵权必究。

**图书在版编目（CIP）数据**

直播革命：互联网创业的下半场 / 王冠雄，钟多明著. —北京：电子工业出版社，2017.7
ISBN 978-7-121-31699-9

Ⅰ.①直⋯　Ⅱ.①王⋯ ②钟⋯　Ⅲ.①互联网络—应用—创业　Ⅳ.①F241.4-39

中国版本图书馆 CIP 数据核字（2017）第 120547 号

策划编辑：刘声峰
责任编辑：刘声峰　　特约编辑：刘广钦　刘红涛　　文字编辑：彭扶摇
印　　刷：三河市鑫金马印装有限公司
装　　订：三河市鑫金马印装有限公司
出版发行：电子工业出版社
　　　　　北京市海淀区万寿路 173 信箱　邮编 100036
开　　本：720×1 000　1/16　印张：18.5　字数：146 千字
版　　次：2017 年 7 月第 1 版
印　　次：2017 年 7 月第 1 次印刷
定　　价：55.00 元

凡所购买电子工业出版社图书有缺损问题，请向购买书店调换。若书店售缺，请与本社发行部联系，联系及邮购电话：(010) 88254888，88258888。
质量投诉请发邮件至 zlts@phei.com.cn，盗版侵权举报请发邮件至 dbqq@phei.com.cn。
本书咨询联系方式：39852583（QQ）。